종교와 평화를 말하다

김승남 · 이석주 · 김영주 · 나권수 · 조용기 공저

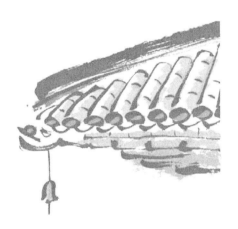

한누리미디어

"알라딘의 요술램프 속 지니가 '딱 한 가지 소원을 들어줄 터이니, 말해 보시오'라고 한다면, 무엇을 말하겠는가?" 아마 고민할 것도 없이 '지구촌의 건강'일 것이다. 코로나 팬데믹으로 인한 지구촌의 상처 회복이 우선시되기에 가능한 표현이다. 평화를 어떻게 정의하느냐에 따라 다르게 표현되겠지만 코로나 팬데믹은 세계인으로 하여금 평화의 중요성을 다시금 상기시키고 있다.

그런데 코로나 팬데믹은 역설적이게도 교통과 통신수단의 급속한 발전이 국가 간의 경계를 허물어 지구촌이라는 용어를 만들어냈음을 실감하게 하였다. 과거의 기억과 달리 물리적 공간을 허물어 지구 반대편까지도 아주 가까운 곳으로 느껴지게 만들고 있다.

세상을 경계 짓던 국경선이라는 개념이 느슨해지면서 다양한 문화와 종교가 한 데 어우러지는 다문화 · 다종교 현상이 아주 자연스러운 일상으로 다가온다. 이제 다문화 · 다종교 상황은 시나브로 우리 주변에서 쉽게 볼 수 있는 현상이 되었다. 그러나 이렇게 다양한 문화가 한 공간에서 함께 하면서 나타나는 부작용 또한 만만치가 않다. 과거에는 크게 문제가 되지 않았던, 아니 문제라고 생각지도 못했던 종교 · 문화

간의 갈등과 이로 인한 차별이 사회적 문제로 대두되고 있으며, 거칠게는 종교의 이름으로 자행되는 폭력과 테러가 미디어의 일면을 장식하는 경우도 심심치 않게 발생하고 있다. '종교와 평화'의 문제가 또 하나의 화두로 자리매김한 것이다.

옥스퍼드대학교 출판부가 발간한 『세계 기독교 백과사전』에 의하면, 세계 인구의 84퍼센트(2009년 말 기준 57명)가 만여 개의 종교단체에서 종교생활을 하고 있는 것으로 나타났다. 10명 중 8명이 종교인인 셈이다. 종교의 목적 중 하나가 평화로운 세상을 구현하는 것에 있다면, 세상은 분명 평화로워야 한다. 그러나 실제는 그렇지 않음을 절감한다. 오히려 모든 종교에서 추구하는 평화로운 세상이 종교로 인해 더욱 요원해지는 것처럼 보이기까지 한다. 국내외에서 발생하는 대형 스캔들에 종교가 개입됨으로써 종교에 대한 피로감이 증폭되고 있는 실정이다.

인간은 저마다 스스로에게 사로잡힌 삶을 산다. 그러한 범주 속에서 역사, 철학, 심리 그리고 신들을 연구한다. 그러다 보니 인간이 창조한 지식 대부분은 지극히 인간 중심적일 수밖에 없다. 그리고 그것들을 중심으로 각자만의 기본 문법을 만든다. 이렇게 인간은 그러한 문법 속에서 길들여져 살아간다. 종교와 평화도 예외는 아니다.

그러나 시간이 지나면서 종교와 평화라는 것이 지금껏 알고 있다고, 그리고 실천하고 있다고 생각했던 것과는 다른 어떤 것이라는 것을 알게 된다. 더 많이 발견할수록, 더 많이 깨달을수록, 더 많이 실천할수록 모르는 것이 아는 것보다 더 많다는 것을 새삼 깨닫게 된다.

앎에 대한 것들이 강렬할수록 종교와 평화는 더 예측하지 못한 모습으로 나타날 수 있다. 그리고 종교와 평화를 보다 상세하게 들여다볼 수록 미처 생각지 못했던 많은 것들을 발견하게 된다.

이 책은 크게 다섯 부분으로 구성되어 있다.

제1장은 '평화와 평화이해' 라는 제목 아래, 인류가 염원하는 보편적 가치가 평화임을 밝히고자 하였다. 세상 모두가 원하는 것이 평화이지만 세상이 평화롭지 않은 것에 착안, 평화가 의미하는 것이 무엇인지에 대한 최소한의 개념정리를 해 보고자 한다.

제2장은 '유교의 평화사상' 에 대한 내용으로써, 유교의 이상사회인 대동사회를 토대로 논의를 전개하였다. 맹자의 평화론과 이분법, 그리고 여기서 외연을 확대해서 삼분법의 차원에서 접근했던 순자의 평화사상을 왕도와 패도, 그리고 망도(亡道)의 논점에서 비교·분석하고자 하였다.

제3장은 조선 후기의 대종교가인 '증산 강일순의 평화사상' 을 살펴본다. 증산의 평화사상은 상생윤리를 통해 구현되는 것인 바, 상생윤리가 지향하는 바가 무엇인지를 조화(調化)사상에 대한 논의를 통해 밝힐 것이며, 평화를 구현하기 위한 상생윤리의 직접적 실천에 대해 논의할 것이다.

제4장은 한국 신종교의 하나인 '대순진리회의 평화사상' 을 살펴본다. 대순사상은 낡은 질서의 청산과 새로운 세상의 도래를 기약하는 '후천개벽사상' 과 인류 구제와 평화의 근본원리인 '해원상생사상' 으로 집약할 수 있다. 이는 전 인류가 하나 되고 인류의 영원한 평화를 이루고자 하는 인류보편의 가치를 담고 있다. 지역 세계의 갈등과 분쟁 속에서 종교적 차원을 넘어 세계평화 구현에 이바지할 것으로 기대

한다.

제5장은 '통일과 한류'라는 주제를 통해 통일을 위한 새로운 접근을 시도하고 있다. 지금까지 한반도 통일은 민족의 숙명과제로 정치 · 경제 · 군사적으로 접근되어 왔다.

그러나 이러한 접근은 아무런 진척 없이 진행되고 있는 것이 지금의 현실이다. 이러한 시기에 통일을 위한 다양한 접근이 요구되어진다고 하겠다.

그러므로 북한에 대한 기존의 정치 · 경제 · 군사적인 접근과 민간 단체의 지원 접근보다는 남과 북을 서로 이을 수 있는 매개에 대해서 생각해 볼 필요가 있다. 이에 세계인이 공감하고 있는 한류를 볼 때 남북한 통일의 가능성과 역량을 높일 수 있으리라 본다.

각기 다른 의도를 가지고 평화를 정의하면 평화라는 것이 또 다른 갈등의 원인이 된다. 그러나 평화에는 분명한 지향점이 있는 것은 어느 누구도 부인하지 못한다.

4차 산업혁명을 화두로 보다 나은 세상을 향해 달려가던 인류는 코로나 팬데믹에 직면하면서 일상의 평화라는 것이 얼마나 소중하며 위대한 것인지를 새삼 깨닫는다.

세상에는 개개인의 평화로부터 사회, 국가 간의 평화에 이르기까지 다양한 평화들이 함께하고 있으며, 다양한 평화들이 평화를 지향하고 있음도 알게 된다. 동서고금을 막론하고 인류의 희망으로 자리매김했던 평화가 더더욱 절실한 요즘이다.

부족한 글을 독자들께 상재(上梓)할 수 있게 됨을 감사하며, 종교와 평화가 던지는 조화와 화합의 메시지를 온전하게 이해하지 못한 것은 부족한 필자들의 몫인 바, 이에 대한 독자들의 질정은 겸허히 받아들일 것이다.

아울러 일천한 글에 한결같은 정성으로 좋은 책을 만들어주신 도서출판 한누리미디어 김영란 대표님을 비롯한 식구 모든 분께도 감사의 말을 전한다.

2020년 겨울

저자 일동

차례 Contents

종교와 평화를
말하다

1장 | 평화와 평화이해

김승남

1. 들어가는 말

인간은 누구나 평화를 원한다. 그런데 세상은 평화롭지 않다. 물론 어떠한 특수성에 의해 몇몇 개인들이 평화를 잠시 누리기는 했겠지만, 전세계가 평화로웠던 적은 없다.

어쩌면 우리 인간들이 생각하고 바라는 평화는 동화나 상상 속 이야기에서나 존재하는 것이리라. 그렇다면 평화롭기가 왜 이렇게 지난하고 힘든 것일까.

우리는 일상에서 평화를 바라며 그것에 대해서 이야기한다. 이는 적어도 평화에 대한 기본적인 이해는 하고 있다는 뜻이다. 그런데 문제는 이러한 평화를 원하기만 할 뿐, 평화롭기 위한 노력, 즉 평화롭기 위해서 직접 실천은 하지 않는다는 것이다.

이러한 현상은 어쩌면 평화를 원하기는 하지만, 자신이 원하는 평화가 무엇인지 잘 모르기 때문일 수도 있고, 평화가 무엇인지 알기는 하되, 개인이든 집단이든 실천하는 방법을 몰라서 그런 것일 수도 있다. 또한 평화를 말하기는 하지만 그저 하기 좋은 말로 의미 없는 일상적 언어로만 사용하기 때문일 수도 있다(이찬수 2016, 13).

그리고 무엇보다 평화를 내가 이루기보다는 남이 만들어 주기를 바라는 수동성 때문일지도 모른다. 이러한 현상에 대해 이찬수는 '평화문맹'에 해당하는 자세라고 말한다.

평화문맹은 평화라는 말은 알지만 평화롭지 못하게 하는 상황에 대한 고민이 없거나, 평화를 인식하고 감지하고 구현할 수 있는 과정에 대해 무지한 상태이다. 나아가 평화롭기 위해 적극적으로 실천하지 않는 상태를 의미한다.

또 다른 한편 평화와 관련하여 절망적인 상황은 평화에 대해 의식하며 실천하려고 하는데 도리어 갈등이나 분쟁이 발생하고 종국에는 전쟁으로까지 이어지는 경우다.

어떤 이의 평화실천이 다른 이의 그 것과 충돌하여 처음의 의도와는 다르게 갈등의 원인이 되거나, 한 집단이나 국가의 평화구축 행위가 다른 집단이나 국가의 구축 행위와 대립하는 일이 벌어지는 경우이다. 이처럼 의도적으로 평화를 원하지 않으니만도 못한 상황이 벌어지기도 한다.(이찬수 2016, 15)

특히나 한반도에 살고 있는 우리에게 이러한 갈등과 대립의 비평화적 요소는 더욱 중층적이고 복잡한 현상으로 나타나고 있다. 특히 북한의 핵무기 개발은 한반도와 전세계의 평화를 위협하는 중대 사건으로 지구촌 전체를 불안에 떨게 했고, 위기의식을 고조시켰다. 물론 북한은 미국의 강력한 제재로 국제사회로부터의 고립과 그에 따른 체제위기 상황을 초래하면서 또 다른 불안요인을 내포하고 있다.

이와 같은 총체적 위기의 비평화 상황과 평화문맹의 현상 속에서 인간을 비롯한 모든 지구 구성원이 평화롭게 공존할 수 있는 방안을 모색하고자 다양한 시도들이 이루어지고 있으며, 그 중 하나가 교육이다. 인간의 삶을 둘러싼 현실의 문제에 대해 교육적 접근이 참여적이고 문제 해결적이어야 한다는 전제 아래, 현재 우리에게 당면한 비평화 상황에 대하여 문제를 제기하고 이 총체적 위기 상황을 바로잡아갈 수 있는 평화의 문화를 창조할 수 있는 능력을 길러주는 교육. 이것이 바로 '평화교육'[1]이다.

2. 평화 개념에 대한 이해

평화는 인류가 보편적으로 추구하는 이상이지만, '평화'의 개념은 시대와 문화에 따라 다양하게 이해되고 있다. 따라서 문화권마다 다양하게 이해되고 있는 평화의 개념을 살펴보고, 현대적 평화의 개념을 요한 갈퉁(Johan Galtung)이 제시한 소극적 평화와 적극적 평화라는 개념과 21세기의 반생명적인 문명을 극복하기 위한 생명중심적인 평화의 개념을 살펴보고자 한다.

1) 평화 어원적 의미

'평화'는 일반적으로 갈등이나 전쟁이 없는 평온한 상태를 의미하며, 각 시대와 문화에 따라 다양하게 이해되어 왔다. 다양한 시기와 다양한 집단에 의해 상이하게 이해되어 왔기에 그 의미에 대해 한 마디로 정의하는 것은 쉽지 않다. 평화는 어떻게 정의하느냐에 따라 평화를 바라보는 시각과 그 적용범위가 다르게 결정될 수 있는 가치 개념이기 때문이다.

또한 많은 학자들이 평화에 대해 정의를 내렸지만, 다수의 정의는 정적인 측면을 내포하고 있기도 하다. 평화를 이상적인 상태로 규정하지만 현실사회에서 이러한 상태는 찾아보기 힘들다. 그러나 현실적으로 평화로운 사회를 포기할 수 없으며 인류는 평화로운 상태를 추구해 왔다는 것을 생각할 때, 평화의 개념은 정적이기보다 오히려 동적이라 할 수 있다(김진호·오상준 2014, 7).

서양의 전통에서 찾아볼 수 있는 평화의 어원은 히브리어 샬롬

(Shalom)과 헬라어 에이레네(Eirene), 그리고 라틴어에 기원한 팍스 (Pax)와 러시아어 미르(mir) 등이 있다.

평화에 해당하는 가장 오래된 전통을 가지고 있는 어원은 히브리어 '샬롬' (Shalom)이다.[2]

샬롬은 인간의 마음으로부터 나온 평화가 아니라 '하나님의 뜻에 따른 삶으로서의 평화'를 의미한다. 따라서 샬롬의 개념에 따르면 신의 뜻에 따르는 것이라면 전쟁마저도 평화다. 샬롬은 하나님과 인간의 이상적인 관계를 서술하는 개념으로, 하나님과 화해한 결과로 인간 개개인이 갖게 되는 상태, 구원받은 존재의 내적 평안을 의미한다. 샬롬은 기독교적 구원의 복음과 연관된 개념으로 자리잡았고, 평화를 심는 자는 하나님의 자녀(마태복음 5: 9)로 여겨졌다(오인탁 2002, 10-11).

이처럼 히브리 어원에서 평화는 불의와 부정의가 극복되고 정의와 공의가 구현된 상태, 즉 인간 삶의 총체적 영역이 완전하고 충만성을 이룬 상태를 의미한다.

평화의 다른 어원인 헬라어 '에이레네' (Eirene)는, '휴전' (a truce)의 의미를 지니고 있다. 에이레네의 헬라적인 개념의 기본적 양상은 그 말이 주로 여러 사람들 사이의 관계 혹은 어떤 태도를 의미하는 것이 아니라, 전쟁의 지속상태에서 하나의 막간(an interlude)으로서 이해된 사건들의 상태, 즉 평화의 시간 혹은 평화의 상태를 의미한다 (Macquarrie 1973, 29).

헬라어 에이레네는 본래 '식(食)·주(住)·의(衣)가 총족된 상태', '심신의 안녕과 정신적으로 충족된 상태' 등을 의미하며 점차 인간이 개인, 국가의 시민으로서 부족함이 없는 상태를 의미하는 것으로 변화되었다. 따라서 헬라어로부터 소급되는 평화의 개념은 전쟁과 같은 무력적 투쟁의 중지 상태를 지칭하는 것으로서 정적인 평온상태를 의미하는 것이다.

영어 'peace' 의 어원이 되는 라틴어 '팍스' (pax)는 군사적 의미로서 군대를 동원한 무력 평정을 뜻하며[3], 국제정치적 용어로서 힘의 균형에 의해 평정상태를 유지하고자 했으나 정복당한 나라와 민족에게는 굴욕의 평화였다(Macquarrie 1973, 28-29).

로마시대를 배경으로 하는 팍스의 용례는 주로 군사적인 측면에서 군사력을 동원한 무력적 평정의 상태를 지칭하는 단어로 사용되었다. 즉, 로마인들에게 평화는 전쟁에서의 승리를 통해 얻을 수 있는 것으로 인식되었다.

이러한 관점에서 평화는 일차적으로 억압적이며 무력적인 폭력에 의한 평온의 상태를 의미한다. 이는 지배계층에게는 평화를 의미하는 상태가 피지배계층에게는 억압과 굴욕의 현실이 되는 것이다. 결국 라틴어 팍스로부터 소급되어지는 평화의 개념은 정복으로서의 평화, 억압과 무력으로서의 평화, 즉 힘의 평화에 초점을 두고 있다.

러시아어로 평화는 '미르' (mir)다. 미르는 '평화' 와 '세계' 라는 두 가지 뜻이 결합된 말이다. 'mir' 가 말하는 세계평화는 세계가 진정 '세계성(世界性)' 을 가지는 상태를 의미하며, 그래서 '세계가 평화롭다' 라는 것은 '세계' 라는 말이 뜻하는 '전체성' 이 완숙 상태에 있는 세계를 말한다(고병헌 2006, 47).

동양의 전통에서 발견할 수 있는 평화의 대표적인 어원은 중국어에서 기원한 '허핑' (和平), 산스크리트-인도어의 '산티' (santi), 그리고 우리말 한글에서의 '평화' (平和)를 살펴볼 수 있다.

중국어에서 기원한 '和平' (허핑)은 '和' (米＋口)와 '平' (고르게 하다)의 합성어로서 '먹을 쌀을 고르게 한다' 는 의미를 갖는 것으로 '전쟁이 없는 상태', '사람들이 서로 화목하게 지내는 것', '개인과 사회, 자연의 모든 사물, 사건들이 평형과 조화를 이루는 것' 을 뜻한다(심성보 2011, 279).

평화에 대한 말인 '平' (ping)은 동사적인 의미로 '조정하다', '저울에 달아보다', '조화시키다' 를 의미한다. 여기에서 그 개념은 총체성이나 갈등의 중지를 나타내지 않고 일치 속의 다양성 혹은 일종의 세력 균형으로 갈등을 해소시키는 것을 뜻한다. 맥커리는 중국어 '和平' 이 평화의 역동적인 요소를 드러내준다고 말한다(Macquarrie 1973, 29-30).

이러한 평화사상의 기원은 중국 춘추전국시대 제자백가의 출현으로 볼 수 있다. 춘추전국시대 제후국들이 부국강병을 목표로 수많은 전쟁을 치름으로써 백성들이 직접적인 생명의 위협은 물론 사회의 무질서와 혼란으로 인한 고통이 극에 달한 상황을 극복하고 질서와 평화를 이루고자 한데서 비롯되었다.

즉 전쟁을 종식시키는 것이 그들의 사상과 중심과제가 되고 있다는 점에서 직접 평화라는 말을 언급하고 있지는 않으나 평화를 중요하게 다루고 있음을 알 수 있다.

산스크리트－인도어로 '평화' 는 '산티' (santi)다. 산티는 정신적 만족이나 인간 내면세계의 심오한 통합을 의미한다(Macquarrie 1973, 15).

이는 '폭풍우 속의 고요', '재난 속의 고요', '인간 내면의 심오한 통합', '몸과 정신과 마음의 일부가 다른 부분에 폭력을 행사하지 않는 내면적인 평화' 라는 의미를 가지고 있다.

또한 인도어 평화는 '아힘사'(ahimsa)이다. 아힘사는 '모든 차원에서의 비폭력'을 의미한다. 이것은 힌두교, 자이나교, 불교의 전통에 근거한 것이다. 마하트마 간디는 이와 같은 아힘사의 개념과 불복종의 결과를 감수하려는 의지를 결합시켜 '사티야그라하'(satyagraha)라는 개념을 제시하였다. 사티야그라하는 '사회적 행동으로서의 비폭력'을 의미한다.

한글에서의 '평화'는 한자어 '평'(平)과 '화'(和)의 결합으로 이루어진 단어이다. 따라서 중국어 '和平'(허핑)과 비슷한 개념으로서의 성격을 가진다. 우리말 국어사전에서 '평화'는 '평온하고 화목함', '화합하고 안온(安穩)함', '전쟁이 없는 세상이 평온함'을 의미한다 (이희승 1997, 4135).

그래서 '평온'에 초점을 맞추면 중국어의 '和平'의 의미를 담고 있고, '화목과 화합'을 강조한다는 점에서는 '和平'의 의미를 지니고 있다고 볼 수 있다. 또한 '전쟁이 없음'을 평온의 상태라고 보면 'pax'나 'eirene'의 뜻도 포함하는 개념이라고 말할 수 있다(고병헌 2006, 48).

최관경은 한자어로 결합된 평화(平和)의 개념을 풀이하면서 '평(平)'은 평등, 평균, 평안, 평정, 평형 등의 뜻으로 '고른', '고루고루'의 의미를, '화(和)'는 화합, 조화, 협조, 중도, 적합, 화동 등의 뜻으로 '어울림'의 의미를 함축한다. 따라서 '평화'는 '모두가 부족하거나 억울함 없이 조화로움을 이룬다'는 뜻으로 풀이되며, 우리말 '평화'

는 '전체가 골고루 어울리는 조화로운 상태'를 의미한다고 설명하고 있다(최관경 1996, 71).

살펴본 바와 같이 서양의 평화 개념은 질서(order)로서의 평화를 강조하고, 동양의 평화 개념은 조화(harmony)로서의 평화를 강조하고 있다.

2) 평화의 현대적 개념

오늘날 평화는 각종 폭력과 테러 그리고 전쟁을 반대하는 적극적이고 핵심적인 주제로 부상하고 있다. 특히 미국의 9.11 테러와 대이라크전 이후 평화는 폭력과 전쟁을 반대하는 가장 인도주의적 반전 개념이기도 하고, 다른 한편으로는 악의 근절과 평화로운 국제질서를 수립하기 위해 무력을 통해 악을 응징해야 한다는 불가피성 또한 하나의 평화논리로 대립하고 있기도 하다.

즉 대화와 협상 또는 유엔과 같은 국제적 기구에 의한 중재 등 비폭력적 방법에 의해 갈등해결을 지향하는 '샬롬으로서의 평화'냐, 아니면 악의 세력에 대한 응징으로써 전쟁과 같은 절대적 힘의 행사에 의해 평화를 구현한다는 '팍스로서의 평화'냐가 대립하고 있는 것이다. 이처럼 평화를 위한다는 명분 안에서 극심한 갈등과 대립에 의한 폭력적 상황이 지속적으로 발생하는 것은 불확실성의 사회를 사는 오늘날 우리 모습이다(김남철 2005, 149).

냉전시대의 평화연구가 전쟁문제를 다루었다고 하면, 탈냉전시대의 평화의 관심은 이전과 확연히 달라지고 있다. 냉전시대에는 전적으로 군사력에 의존하여 국가안보의 보장체제를 개편하였다면, 냉전 이후에는 포괄안보 체제로 변화하였고 동시에 타국과의 안보협력과 유대를 확대하는 추세가 뚜렷해지고 있다. 이는 냉전시대의 안보개념이 이제 더 이상 호소력을 가질 수 없게 되었음을 의미하기도 한다.

UN(국제연합)은 제2차 세계대전 이후 국제평화와 안전을 목적으로 창설되었다. 유엔은 국제평화의 문제를 해결하고자 다양한 전문기구들과 연계하였는데, 대표적인 전문기구 중의 하나가 바로 유네스코(UNESCO)이다.

유네스코는 세계평화의 문제를 교육을 통하여 국제이해를 증진시킨다는 차원에서 접근하였다. 즉 유네스코의 국제이해 교육은 서로에 대한 몰이해와 오해에서 국가 간의 분쟁이 비롯된다고 보고, 국제이해의 증진이라는 관점에서 세계인이 국경을 초월한 하나의 공도체적 시각을 가짐으로 세계의 문제들을 해결하는 공동체의식을 강조하였다.

50년대와 60년대 초반까지의 이른바 보수적인 평화연구가들은 눈앞의 갈등과 폭력을 줄이거나 제거하는 것을 평화의 당면 과제로 파악하였다.

따라서 그들은 폭력이나 전쟁이 발생하지 않도록 당시 미·소의 갈등관계를 최소화시켜 보려는 현실적인 방안의 연구에 치중하는 것을 중심과제로 삼았다.

한편 1960년대 후반 이른바 비판적 평화연구가 대두하였는데, 그 핵심적 주장은 전쟁의 부재를 평화로 간주하는 평화연구는 소극적인 평화 탐구일 뿐이라는 것이었다. 이러한 비판적 평화이론이 나오면서 '평화' 개념에 행복·복지·번영이 보장되고 구조적인 장애를 제거하는 넓은 의미의 평화를 추구하게 되었다.

갈등과 폭력을 유발하는 원인에 대한 연구와 그 원인을 제거하지 않고서는, 즉 비평화의 원인 자체를 해소하는 적극적인 평화의 강구 없이 일시적으로 억제되거나 제한된 갈등과 폭력은 시간이 흐르면 또 다시 나타나게 될 뿐만 아니라 오히려 더 위험하다고 강조하였다. 그들의 주장에 의하면, 적극적인 평화는 인권의 보장 또는 사회정의, 경제발전 등 평화적 요소가 적극적으로 충족되는 상태이다.

많은 사상가, 정치가, 외교관, 문학자, 사회운동가들이 평화를 갈구하고 그 방안을 구상해 왔지만, 체계적인 학문으로서 평화학이 자리잡는 데는 갈퉁(Johan Galtung)과 젱하스(D. Jenghaas)의 공이 크다. 갈퉁과 젱하스의 평화론은 냉전시대 세계적 차원의 군비경쟁과 빈부격차, 제3세계에서의 내전, 환경오염, 군사주의 등과 같은 문제들에 관심을 갖고 그것을 평화학의 자양분으로 삼았다.

평화에 대한 정의는 갈퉁에 의해서 학문적으로 자리매김 할 수 있었다. 대표적 평화연구자 갈퉁은 평화란 첫째 '모든 종류의 폭력이 없거나 감소'이며, 둘째 '비폭력이고 창조적 갈등의 변형'으로 정의하여, 소극적 평화(negative peace)와 적극적 평화(positive peace)로 평화의 개념을 구분하였다.

'소극적 평화'란 대규모 물리적 폭력(large-scale physical violence)의 부재를 의미한다. 물리적 폭력(physical violence)은 신체상 손해에 따른 고난 또는 인류 생존을 위해 직접적·간접적으로 필요한 물질적 재화의 파괴로 인해 나타난다.

대규모(large-scale)라는 말은 국민국가, 문화적·민족적 집단들 또는 그러한 단위들의 동맹과 같은 거대한 사회 집단들에 의해 시도되거나, 이 집단들에 영향을 미치는 행위를 의미한다. 대규모·물리적 폭력 행위의 사례는 한 도시의 폭파로 인해 인명의 사망과 상해가 초래되고 이들이 의존하는 재화가 파괴되는 경우이다.

이러한 소극적 평화는 전쟁이나 물리적 폭력같이 공공연하고 직접적인 관점에서 갈등이나 분쟁 그리고 전쟁을 제거할 때에만 달성된다고 보았다. 즉 소극적 평화는 전쟁의 발발을 막아 평화를 지키는 것, 전쟁을 끝내는 것에 보다 관심을 두었던 것이다.

그러나 이러한 소극적 평화는 진정한 의미에서 평화라고 할 수 없다. 강압에 의한 비폭력 상태도 소극적 평화로 이해될 수 있고, 전쟁이나 무력충돌로 되돌아갈 개연성이 있기 때문이다. 따라서 이러한 상태는 언제든지 전쟁이나 갈등상태로 돌변할 수 있는 불안정한 평화이며 인간의 삶의 질을 보장하지 못한다(김수민 2007, 137).

'적극적 평화'는 경제·사회적 측면에서 구조적 폭력(structural violence)의 부재를 의미한다. 적극적 평화는 단순히 전쟁이나 대립이 없다는 수준을 뛰어넘어 이러한 갈등과 전쟁, 대립을 발생하게 하는 원인과 요소들을 근원적으로 제거해야 비로소 평화의 달성을 이룰 수 있다는 개념이다.

결국 폭력은 평화를 위협하는 직접적 원인으로 이러한 폭력을 제거함으로써 평화를 이룰 수 있다는 것이다. 또한 모든 압제와 불평등으로부터 자유와 평등을 분리 대신 통합을, 강요 대신 대화를, 소외 대신 참여를, 분열 대신 결속을 강조하다.

갈퉁이 경제·사회적 측면에서의 구조적 폭력이 없는 상태까지도 포함하는 적극적 평화 개념을 소개한 이후로 평화의 개념은 문화, 성,

인권, 환경 등 다양한 방면으로 확장되어 왔다.

갈퉁은 평화를 방해하는 요소로써 폭력을 제시하고, 테러나 전쟁 등과 같은 직접적 폭력, 인종차별이나 성차별 등과 같은 구조적 폭력, 그리고 나아가 간접적 · 직접적 폭력을 정당화하는 문화적 폭력이라는 개념을 정립하였다.

그에게 있어 평화는 직접적 · 구조적 · 문화적 평화가 합쳐진 것으로, 평화를 이루기 위해 성별 간, 세대 간, 인종 간, 계급 간, 국가 간, 사회 간에 직접적 · 구조적 · 문화적 폭력이 작용하지 않도록 비폭력적이고 창의적인 행위들로 평화문화와 평화구조를 만들어가야 함을 주장한다.

먼저 '직접적 폭력'은 언어적인 폭력과 신체적인 폭력으로 나눌 수 있는데, 실질적으로 눈에 보이는 형체의 폭력, 살인사건 및 학교 내 폭력, 전쟁, 지역분쟁 테러, 대학살 등이다. 그에 의하면 직접적 폭력은 폭력을 행사하는 가해자와 그에 따른 피해자가 명확히 존재하는데 이것이 바로 직접적 폭력의 정점이라 할 수 있는 전쟁이다.

이처럼 '구조적 폭력'은 억압적 · 착취적 · 정치적 · 경제적 폭력으로 구분되는데, 주체를 확실히 할 수 없는 폭력, 빈곤, 기아, 차별, 환경파괴 등이다. 이러한 폭력들은 사회적인 소외, 분열, 붕괴 및 구조적 침투 등에 의한 사회구조적 시스템에 의해 일어나는 것이어서 피해자는 있지만 폭력의 주체가 불분명하다.

인간의 내면 성격구조에 의한 그리고 인간 상호간, 사회집단 간에 발생하는 간접적이고 정신적인 또는 비의도적인 폭력이 곧 구조적 폭력이라는 것이다. 물리적인 폭력이 공공연하고 직접적인 반면, 구조적 폭력은 대부분 은폐되고 간접적이다.

즉 구조적 폭력은 인간들이 집단적으로 기본적 욕구를 채우거나 그들의 잠재력을 완전하게 개발하는 것이 체계적으로 방해받는 곳에 존재한다. 이러한 구조적 폭력은 정치와 경제에서 억압과 착취로 나타나고, 직접적 폭력과 구조적 폭력의 이면에는 문화적 폭력이 존재한다(김수민 2007, 136-137).

갈퉁은 구조적 폭력이란 개념을 사용한 뒤 약 20년 만에 '문화적 폭력'이란 개념을 소개하였다. 그는 문화적 폭력을 "직접적 폭력이나 구조적 폭력을 정당화하거나 합법화하는 데 사용될 수 있는 문화의 측면"이라고 정의하고 있다(요한 갈퉁 2000, 412). 문화적 폭력은 종교와 사상, 과학과 법, 언어와 예술, 대중매체와 교육의 내부에 존재하며 직접적 폭력과 구조적 폭력을 정당화시키는 역할을 한다(요한 갈퉁 2000, 19).

학문이나 예술 혹은 종교 등을 통해 직접적 폭력의 행위나 구조적 폭력의 실체에 대해 정당하다거나 적어도 잘못된 것은 아니라고 간주하게 하여 폭력의 사용을 합법화하거나 일반적으로 용인되게 한다는 것이다. 문화적 폭력이야말로 나머지 두 가지 폭력을 정당화하는, 폭력 중에서도 가장 뿌리 깊고 제거하기 힘든 폭력이라고 할 수 있다. 약자를 배척하는 문화적 폭력이 남아 있는 한 직접적 폭력과 구조적 폭력은 언제 터질지 모르는 시한폭탄과도 같다.

이러한 문화적 폭력은 종교과 민족주의 성향이 약한 나라에서는 잘 드러나지 않기 때문에 그 해약성에 대해 잘 인식하지 못하는 경우가 많다. 이 세 가지 폭력은 상호연계되어 작용하고 있다.

적극적 평화는 은폐되고 잘 인식되지 않는 폭력의 제거를 목적으로 한다. 즉 인간들은 기본적 욕구를 채우거나 그들의 잠재력을 완전하게 개발하는 것을 방해한 간접적·구조적인 폭력을 체계적으로 제거하고자 한다.

또한 적극적 평화는 인간다운 삶을 향유할 수 있는 사회, 즉 평화사회를 구축(peace-building)하는 데 관심을 두고 있다. 이러한 맥락에서 인간 삶의 대다수 쟁점이 모두 평화의 문제와 연관될 것으로 예측될 수 있으며, 따라서 적극적 평화는 그 목적에 맞게 다양하게 정의되고 해석될 수 있다.

한편, 소극적 평화와 적극적 평화 개념이 가지는 한계를 지적하며 생명 중심적 평화 개념이 추가되어야 한다는 의견도 제시되고 있다.

양금희는 80년대 이후 생태계에 대한 전 지구적 차원의 관심을 고려할 때에, 주로 개인의 내적(intrapersonal), 간인간적(interpersonal), 사회적(intranational), 국제적(international) 차원에서 이해되었던 평화 개념에서 생명 중심적 평화 개념으로의 전환이 필요하다고 하였다. 특히 그동안 인간의 이기적 욕망으로 생태계에 대한 착취와 폭력을 범해 왔기에 그로 인한 생태계 파괴의 문제와 인류생존의 문제를 인지하고, 생태계와의 화해와 상생의 관계로 나아가야 한다는 것이다.

박보영은 전 지구적인 비평화와 생태계의 위기 속에서 인간을 포함한 모든 생명체가 존속 가능성에 대한 위협을 절감하고 있음을 역설한다. 따라서 모든 생물들의 관계가 서로를 살리는 살림과 공생의 관계로 거듭나야 할 것을 강조하며, 현재 인류에게 요구되는 평화의 개념은 직접적 폭력의 방지와 사회정의를 넘어서 보다 근본적인 생명 중심적 문화 창출에 초점을 두어야 한다고 주장한다. 즉, 생명 중심적 평화 개념을 오늘날 중요한 평화개념 중 하나로 제언하고 있는 것이다.

이 같은 생명 중심의 평화연구는 동·서양적 세계 이해를 조화시키고, 거시적 세계관으로부터 미시적 교육실천에 이르기까지 하나의 체계를 가지고 더욱 연구되어야 할 과제라고 할 수 있다.

평화가 무엇인지에 대해 질문하면 대체로 서구 민주주의적인 관점에서는 질서(order)로서의 평화, 동양권에서는 조화(harmony)로서의 평화, 평화운동가의 입장에서는 정의(justice)로서의 평화로 설명된다. 갈퉁은 개인적 폭력 또는 전쟁의 부재와 같은 소극적 차원의 평화가 아닌, 사회적 갈등의 근원이 되는 구조적 폭력을 해소함으로써 정의를 실현한다는 적극적 의미로 평화를 분류하였다.

그리고 1990년대 이후에는 구조적 폭력을 장기화시키는 중요한 문제로써 문화적 폭력을 제시하며, 평화를 방해하는 또 다른 원인으로 추가한다. 적극적 평화 개념을 현실 세계에 접목시키려고 하는 노력 중의 하나로 '평화문화'의 개념을 확립하고자 하였다. 따라서 평화의 현대적 개념은 보다 폭넓은 의미로 정의하는 것이 가능해졌고, 보다 정의롭고 평등한 사회구조를 지향하는 비폭력적 사회변혁 및 협력을 함축하는 의미로 받아들여지게 되었다.

또한 21세기에 생명 중심적 평화 이해는 더 심각한 문제로 화자 되는 생태계 문제를 현대의 평화 논의에 포함할 수 있는 중요한 관점을 제공하며, 전 지구적 차원에서의 공생과 상생의 관계적 평화개념을 제시해 준다. 인간을 에워싼 다층적인 평화의 관계영역을 생태계의 영역까지 확장시킴으로서 보다 더 통전적인 관점에서의 평화 개념을 이해할 수 있게 하였다.

그러므로 평화를 이루려는 노력은 우리 모두가 공동목표로 달성해야 하는 전 인류적 과제로서의 인식전환과 함께 평화문화의 조성이라는 과제를 함께 가지게 된다. 이러한 맥락에서 평화를 위협하는 갈등이나 분쟁 및 전쟁을 비폭력적인 방법으로 해결하는 능력을 신장시키고자 하는 평화교육의 중요성을 일깨워준다. 덧붙여 생명 존중의 평화이해를 통해 생태계와의 화합과 상생의 관계를 맺어가야 함을 시사한다. 이처럼 평화에 대한 인식의 전환은 전 세계적으로 확산되면서 이제 평화교육은 평화연구나 운동의 영역에서 기본적이고 중축적인 평화 만들기의 핵심축이다.

3. 한반도 평화체제와 평화교육

1) 한반도 평화체제

우리 교육은 지금까지 한반도 평화와 관련한 교육에서 본능과도 같이 '반공'이나 '남과 북의 물리적 하나 됨'만을 강압적이고 획일적으로 강제했던 '통일'에 중점을 둔 교육을 해 왔다. 그러나 이러한 교육은 남북갈등과 남남갈등을 더욱 심화시키는 결과를 초래하였다.

대한민국 국민들은 평화에 대한 간절한 염원을 갖고 있다. 그러나 분단 70여 년의 시간이 흘렀음에도 불구하고 여전히 많은 사람들은 빛바랜 냉전체제의 사고방식과 적대적 정치의식을 버리지 못하고 남한과 북한의 갈등을 조장하고 화해 무드를 방해하는 일들이 자주 발생하였다.

우리 사회는 그 동안 다양한 이해관계나 가치관 등의 차이에서 생기는 사회적 갈등이 너무 극단적으로 표출되는 일이 잦았다. 나와 다른 생각이나 가치관을 가진 '타자'를 포용하지 못하고 배척하며 혐오하고 적대시하는 '전쟁의 잔재'가 아주 깊숙이 박혀 있기 때문이다. 이런 상황에서 이념 갈등의 첨예함이야 이미 익숙하고, 이제는 지역, 계층, 젠더 등을 둘러싸고서도 폭력적이고 극단적인 냉전적 유형의 갈등이 일상이 되었다.

한반도 평화체제의 제대로 된 정착을 위해서라도 이런 '우리 안의 냉전'부터 극복해야 한다(장은주 2020, 290).

작금의 분단 현실로 인한 대결의식이나 적대주의를 극복하고 새로운 남북 화해의 시대를 맞이하기 위해서, 새롭게 다가올 평화체제에 걸맞은 교육 모델을 모색할 때가 아닌가 한다.

우리는 헌법의 영토조항을 들어 부정하고 있지만, 휴전선 이북에는 우리 대한민국과는 전혀 다른 이념과 조직 체계를 갖춘 조선민주주의인민공화국이라는 독립된 국가체제가 나름의 국제법적 적법성을 갖고 70년 간 존재해 오고 있다.

UN은 이미 오래 전 한국(ROK)과 조선(DPRK)의 동시가입을 승인함으로써 두 국가 체제를 승인했다. 한반도에 두 개의 국가가 존재한다는 사실은 그 누구도 부정할 수 없는 엄연한 현실이다. 요점은 이러한 상태에 대한 적극적 '상호인정'이다.[4]

그리고 이런 상태가 안정적으로 정착되는 것이다. 그러니까 우리는 통일에 대한 지향을 완전히 포기하지 않되, 지금의 두 국가 병존체제

자체를 적극적으로 수용하면서 그에 걸맞게 상호 관계를 맺어 평화 상태가 쉽게 와해되지 않고 그 상태로 공고히 유지해 나가는 방안을 모색하고 그것을 진전시킬 필요가 있다(장은주 2020, 293).

먼저 늦은 감이 없지 않지만 남한과 북한은 한 민족이 분열되어 만들어진 서로 다른 국가체제라는 현실을 직시하고, 인정하며, 각 체제를 국가 대 국가로서 정상적인 외교관계에 준하는 정치적, 경제적, 문화적 협력 관계를 형성해 가야 한다.

물론 이러한 '한반도 평화체제'로 인하여 현재의 분단 상황이 영구화 될 수 있다는 우려를 낳을 수도 있다. 하지만 어쩌면 이러한 평화체제가 한반도의 안정적인 안보 확보와 향후 통일을 위해서라도 반드시 필요한 대안이 될 수도 있다.

우리나라는 그 동안 통일의 교훈을 얻고자 독일의 '동방정책(Ostpolitik)'을 모델로 하여 '북방정책'이나 '햇볕정책' 등을 추진해 왔다. 그러나 동방정책은 결코 통일정책이 아니었다.

독일의 동방정책은 기본적으로 1민족 2국가라는 당면한 현실을 솔직하게 수용하고 그것을 일정한 방식으로 정상화하는 정책이었다. 독일 통일은 그 정책에 부수된 역사적 우연의 산물일 뿐이었다고 해야 한다. 결코 평면적이어서는 안 되겠지만, 독일의 경험에서 배워야 할 가장 핵심적인 교훈은 바로 여기에 있다.[5]

그 동안 우리 민족의 삶을 전쟁과 극한 갈등의 고통 속에 빠트렸고 우리의 민주주의를 불구화시켜 왔던 가장 근본적인 원인 중의 하나인 분단체제는 반드시 극복되어야 한다.

그러나 이 분단상황의 극복은 무조건 통일을 외친다고 가능한 일이 아니다. 또 지금까지 해온 것처럼 우리는 한민족 · 한겨레 등의 동질성과 같은 감상적 접근방식으로는 통일의 길이 보이지 않을 것이다. 이제 우리는 지금까지 고수해 오고 있는 '남북의 통일'만을 강제하는 낡은 패러다임을 버려야 한다.

지금 우리에게 요구되고 있는 것은 막연한 통일에 대한 희망 고문이 아니라 한반도에 적대적 감정을 앞세워 갈등하고 있는 이질적인 두 국가체제에 대한 인정과 함께 지속 가능한 평화공존을 보장할 국제 사회의 관심과 그것을 뒷받침할 국내 정치다. 이제 영구적인 평화 정착이 가능하도록 기존의 인식틀과 접근법을 근본적으로 성찰할 필요가 있다.

우리에게 중요한 것은 '평화의 우선성'이다. 어떤 경우든 이런 평화를 항구적으로 가능하게 할 사회적 준비와 노력이 절실하게 요구되고 있다(장은주 2020, 295).

2) 평화교육의 의미

우리가 평화를 전쟁이 없는 상태라는 의미로 단순히 정의를 하든 아니면 적극적으로 개인적−구조적 폭력의 부재라는 의미에서 사회적으로 정의로운 상태라고 정의하든 간에(요한 갈퉁 2000, 13) 평화란 모든 인류가 간절히 염원하는 최고의 가치임에 틀림없다. 같은 맥락에서 평화교육이란 인류 공동의 선한 가치인 평화를 지키고(peace keeping) 만들어내고(peace making) 더 나아가 증진시키는(peace improving) 사람과 사회를 변화시키는 행위라고 볼 때 그 중요성은 아무리 강조해도 지나치지 않는다(변종헌 2006, 264-265).

아직도 남북이 분단된 채 휴전 상태의 긴장감 속에서 살아가고 있는 우리의 갈등적 현실에서 평화교육은 한반도에 살고 있는 모두가 공동으로 지향하는 중요한 교육적 과제일 것이다.

우리가 평화교육의 중요성을 강조하는 것 자체가 비평화적 사회의 위험성을 깊이 인식하고 있다는 사실의 반증일 것이다. 우리 사회에서 매일 목도하고 있는 비평화적 현실―폭력, 부정부패, 불신, 속임수, 무엇보다 '빨리빨리 문화'로 야기되는 긴장성, 경쟁, 약자의 소외, 이지매와 왕따 등―은 이미 교육적 해결의 수준을 넘어서 있다고 볼 수 있으나 교육자로서 그래도 교육적 대안이 해결의 한 양식이 될 수 있다는 믿음을 버릴 수 없다.

간혹 도저히 상식적으로 이해하기 어려운 사회적 상황에 봉착하면, 내가 만일 저 상황에 있었다면 어떻게 했을까 라는 지극히 자연스러운 가역적 사고의 형태를 떠올리기도 해 보지만, 결과는 '내가 아니어서 천만다행이다'라는 회피적 사고로 귀결된다. 이러한 식으로 나만 피해가면 된다는 자위적 사회에서는 공공의 평화가 들어설 자리가 없다. 그러나 공공의 평화가 부재한 사회에서는 나의 평화도 보장될 수 없다는 것은 상식이다.

아무 잘못도 없는 내가 어느 날 길거리에서 적대감에 가득 찬 어느 실업 노동자에게 흉기로 해를 입을 수 있지 않은가? 또한 성폭력 희생자인 어린 소녀가 우발적인 살인을 하지 않는다고 누가 장담하겠는가? 그럼에도 불구하고 우리 사회에서는 여전히 그런 피해자를 조심하지 않았다느니 혹은 결손가정의 문제라느니 등으로 피해자를 비난하며 공적 해결을 기피하고 있다.

물론 이런 점은 다른 나라에서도 마찬가지다. 대부분 자본주의 국가에서는 우리와 비슷한 문제를 똑같이 겪고 있다. 단지 이러한 문제의 중요성을 인식하는 사람들이 일찍이 갈등 해결을 비폭력적 방법으로 하자는 평화교육을 나름대로 시도하면서 잠재적 폭력의 가능성을 대화와 같은 방법으로 우회시키려고 노력해 왔을 뿐이다. 이들은 폭력이 사회적 불의나 개인적 정체감의 부정에서 연유하기도 하지만 그 해결 방식이 폭력적인 것은 문제해결을 평화적으로 하는 방법을 학습하지 않았기 때문이라고 생각한다.

그러기 때문에 평화교육은 학교 같은 교육적 공간 안에서 만의 노력으로는 안 되고 사회구성원 모두가 참여하는 사회적 해결이 동시에 이루어져야 한다고 믿는다.

세계는 변하고 있다. 이미 자기 것이 없이 고정된 틀에 박혀 버린 삶을 살아가는 사람들은 세상의 주인이 될 수 없다. 자기의 것과 남이 가지고 있는 것을 상호존중하고 배우려고 할 때 지구촌 시대의 삶을 자유롭게 영위할 수 있다. 이미 통신과 교통의 발달로 내 것만을 강조하기에는 우리만의 안락한 폐쇄적인 공간이 존재하지 않는다. 물건을 사고파는 데 있어서도 남과 더불어 살아가지 못하는 배타적 문화로는 세계인과 어우러질 수가 없다. 우리는 이것을 지구촌화 시대의 달라진 삶의 모습이라고 표현하기도 한다.

이런 사회에서는 무엇보다도 자기의 것을 확실히 하는 정체성 교육과 더불어 타문화의 삶을 수용할 줄 아는 교육이 동시에 요청된다. 그렇기 때문에 국민의 인권문제, 사회적 갈등문제, 온갖 폭력에 방치되어 있는 개인과 사회의 문제, 차별과 부정의의 문제 등을 공동의 노력으로 해결해서 모두가 정의로운 공동체 안에서 더불어 살아갈 수 있는 풍토를 만들어나가자는 평화적 노력에 대해서 이전보다 훨씬 더 강하게 주장하는 것이 아니겠는가?

갈퉁은 사람들이 덜 조작되는 사회가 건설될 수 있도록 기여하는 교육이 평화교육이라고 말한다. 즉, 자기통제적이며 남과 더불어 살아갈 수 있는 가치를 지닌 균형 잡힌 사람을 양성하는 것이 평화교육의 목적이고 이것이 일반교육의 목적이기도 하다.

그런 맥락에서 평화교육의 활성화 단계를 다음 5가지 내용으로 분류해서 설명하고 있다(김남철 2005, 151).

1. 분석(Analysis), 2. 일반적 목표 설정(Goal Formulation), 3. 비판(Critique), 4. 제안 구성(Proposal-making), 5. 행동(Action)의 5가지 세부 내용에 의하면 분석단계에서 현재의 불만족한 비평화적 수준에 대한 분석을 위해 평화연구가 평화교육의 1단계에서 매우 중요하다. 두 번째로는 도달할 목표로서, 즉 바람직한 평화적 미래형에 대한 구체적 모형을 현실에 맞게 그려보는 것이다. 세 번째는 경험적 분석을 능가하는 단계로서 현 상황을 진단하고 미래 모형을 처방하는 데 요구되는 적절한 수치와 대안적 가치가 도출될 수 있도록 간극을 구체적으로 밝히는 단계이다. 네 번째는 그렇다면 새로이 구성된 바람직한 평화적 모형을 어떻게, 무엇을, 누가, 언제, 어디서, 왜 추진할 것인가에 대한 프로그램을 짜는 것이다. 이것은 프로그램화된 평화교육의 구체적 내용이 된다. 다섯째, 평화교육은 단지 교육으로 끝나는 것이 아니고 바람직한 사회로의 변혁이 목적이다.

따라서 평화 행동이 뒤따라야 한다. 그런 면에서 평화교육은 마음씨

고운 평화적 심성교육과는 근본적으로 다르다.

　종합적으로 평화연구, 평화교육, 그리고 평화운동은 개인적·구조적 폭력이 부재한 정의로운 사회를 건설하기 위해 평화적 심성을 갖춘 사람들을 교육함으로써 변혁적 과정을 함께 걸어가는 동시적 목적성을 갖는다고 갈퉁은 말하고 있다. 따라서 평화교육에 대한 갈퉁의 5단계를 중심으로 한국의 평화교육을 설명하고자 할 때, 첫째로 평화적 관점에서 한국사회가 안고 있는 문제가 무엇인지를 분석하는 것은 매우 중요하다(김남철 2005, 152).

4. 한반도 평화교육의 방향과 과제

　오랜 분단체제는 우리 교육에도 깊은 상혼을 남겼다. 무엇보다도 분단체제가 낳은 냉전문화는 교육에서도 근본적으로 규정하며 지배했다. 이것은 일반적으로는 '타자'를 포용하지 못하고 배척하며 혐오하고 적대시하는 데 익숙한 문화로, 우리 사회에서는 이런 문화적 영향으로 인해 이념뿐만 아니라 지역, 계층, 젠더 등 문제를 둘러싸고 폭력적이고 극단적인 갈등 양상이 일상이 되었다.

　교육계에서도 교원들이 이념 성향에 따라 서로 다른 노동조합을 만들어 잦은 대립을 보이고 있을 뿐만 아니라, 교육부나 각 시·도교육청의 특정 이념 편향의 교육 지침과 그에 대한 교사들의 반발로 일어나는 갈등도 드물지 않다. 언론이나 정치권의 부추김 탓이 크긴 하지만, 교과서나 계기 교육 등을 둘러싸고도 심각한 이념 대결의 양상을 드러낸다(장은주 2020, 296).

어느 사회에서든 가치관의 혼란과 상반된 이해관계로 인해 갈등이 생기기 마련이다. 따라서 갈등 자체가 문제라기보다는 정치적 이념 대립은 민주주의와 정치의 본질적 속성이고, 지역, 계층, 성(性) 등의 차이를 둘러싼 불협화음도 어떤 사회에서든 있을 수밖에 없다. 상존하는 갈등을 억누른다고 문제가 해결되는 것은 아니다.

그렇다면 우리는 어떻게 이러한 갈등의 불가피성을 받아들이고 인정하면서 그것으로 인해 모두가 공멸하는 것을 막고 상생과 번영으로 이어지게 하는 것이 관건이다.

이러한 논쟁에 있어서 가장 기본이 되는 덕목은 공정성과 상호존중일 것이다. 누구에게든 나와 다른 생각에 대해서 말할 수 있는 권리를 보장하고 상대를 적대시해야 할 대상이 아니라 단지 생각과 처지가 다른 타자로 받아들일 수 있어야 한다.

이것은 공동의 삶의 틀 자체를 깨지 않는 한 그 어떤 이견이나 차이도 존중하고 상대를 폭력적 절멸의 대상으로 여기지 않는다는 '포용의 원칙'으로 이어진다. 그런 바탕 위에서만 갈등은 저주가 아니라 축복이 될 수 있다(장은주 2020, 297).

지금까지 우리나라의 교육은 '정답만을 찾는' 교육으로 일관해 왔다. 이러한 교육 현실에 빗대어 보면, 정치·사회적 갈등 사안들, 특히 이념 갈등 사안에 대한 답을 찾기란 결코 녹록치 않다라는 것이다. 따라서 우리 교육도 이제는 그런 사안들에 대해서도 갈등, 다름, 이견 등을 그 자체로 존중하고 그것들이 폭력적으로 행사되지 않도록 평화적으로 문제를 해결할 수 있는 역량을 기를 수 있는 방향으로 나아가야 한다.

그리고 이미 틀에 박힌 분단체제나 통일 자체에만 비중을 둔 교육에서 벗어난 새로운 접근이 필요하다. 이미 세계와 인식은 변했고, 이러한 상황 속에서 학교 교육과는 무관하게 우리 미래 세대가 생각하는 남북문제 해결에 대한 접근은 가히 혁명적으로 바뀌었다.

미래 세대는 북한이 우리와는 확연하게 다른 이질적인 생각과 생활 환경의 국가라고 생각하고 있으며, 더불어 계획되지 않은 급작스러운 통일은 우리의 소원을 이루는 것이 아니라 오히려 대재앙을 가져다주는 것으로 걱정하고 있다.

사실 더 큰 문제는 우리 사회가 이런 변화에 제대로 대응하지 못하고 있다는 것이다. 따라서 가장 먼저 평화교육을 해야 한다. 전쟁을 피하는 일이 근본적으로 정치적인 일이라면, 평화를 창출하고 유지하는 일은 교육의 사명이다.

평화교육의 핵심은 평화를 창조하고 확산하는 일이다. 하지만 평화교육은 그 중요성에도 불구하고 사람과 지역에 따라서 다양하게 이해되고 있다. 실제로 평화교육의 범위 안에서 갈등해결교육, 민주시민교육, 공민교육, 다문화교육 등과 같은 매우 다양한 분야의 연구와 활동이 이루어지고 있다.

더욱이 평화교육은 평화의 개념을 어떻게 규정하는가에 따라서 의미와 내용이 달라질 뿐만 아니라 평화교육의 정치적 사회적 맥락의 의미가 달라진다. 왜냐하면 첨예한 갈등이 존재하는 지역에서의 평화교육, 내부적으로 인종적 갈등이 존재하는 지역에서의 평화교육, 평온함을 경험한 지역에서의 평화교육은 각기 다른 목적과 내용을 지향하고

있기 때문이다.[6)]

평화교육의 내용은 폭력과 평화를 어떻게 이해하느냐에 따라 달라지며, 평화의 개념 또한 특정 영역이나 분야 그리고 문화에 따라서 다양한 의미를 지닌다.

예컨대 국제사회에서 평화가 힘의 균형으로 이해된다면, 사회학자들이 주목하는 것은 비폭력을 정당화하고 폭력을 비난하는 규범 등에 관한 문화적 평화의 관념이다. 문화 간 평화는 종교간 대화나 다문화적 의사소통과 학습 등을 중시한다. 반면에 시민사회 내의 평화를 강조하는 사람들은 완전고용, 주거의 보장, 건강의료, 양질의 교육기회, 공정한 법적 절차 등의 문제에 주목한다.

사람들 사이의 갈등에 관심을 갖는 심리학자들은 차이를 해소할 수 있는 적극적인 의사소통 기술을 강조한다. 환경론자들은 수천 년을 지속해 온 전통적 문화 속에 내재된 지속가능한 실천 속에서 평화의 관념을 찾고자 할 것이다(변종헌 2018, 279).

평화교육이 개인들의 심적 변화에 주목하는 경우에는 과거의 적대자를 이해하고 존중과 관용의 정신을 증진하는 것이 교육의 주된 목적이 된다. 하지만 또 다른 측면에서 평화교육은 일련의 기능들을 함양시키고자 하며, 이럴 경우에 평화교육은 비폭력적 성향과 갈등 해결 능력을 계발하는 데 그 주된 목적이 있다.

또한 평화교육은 평화를 소극적으로 이해하는가 아니면 적극적으로 이해하는가에 따라서 그 의미와 내용이 달라질 수 있다. 주지하듯이 소극적 평화를 중시하는 입장에서의 평화교육이 전쟁으로부터의 해방에 초점을 맞춘다면, 적극적 평화를 중시하는 평화교육은 인간다운 삶의 조건을 창출하는 데 더 큰 관심을 둔다(변종헌 2018, 279).

이런 맥락에서 평화교육은 객관적으로 존재하는 인간 사회의 갈등구조를 이해하는 교육인 동시에 갈등관계를 해결하는 능력에 대한 교육이다. 갈등의 문제는 인간과 인간 사이에 혹은 인종이나 계급, 집단 사이에 존재하는 객관적 구조이기 때문에 이를 사실대로 편견 없이 이해하는 것이 필요하다. 그러나 이 갈등구조에는 교육자나 피교육자도 주관적으로 참여하고 있다. 결국 인간의 주관적 의식 속에 갈등구조가 자리잡고 있는 것이다.

이처럼 갈등관계라는 것은 객관적 구조이면서 동시에 주관적 의식이기 때문에 갈등의 해소를 위해서는 이러한 양면성에 주목해야 한다. 즉 평화의 실현을 위해서는 갈등이 제거될 수 있는 객관적 조건을 마련하는 것과 함께 갈등을 줄이거나 갈등을 처리하는 주관적 능력을 길러주어야 한다.

갈등의 해소를 위해 중요한 것은 갈등관계 속에 있는 양측 입장을 객관적으로 보고, 그 상호작용의 관계를 파악하며, 이로 인해 나타나는 구체적인 갈등 현상들을 설명하는 것이다. 하지만 사회적 갈등을 객관적으로 설명하고 이해시키는 것만으로 평화교육이 완성되는 것은 아니다.

평화교육은 사회의 갈등구조와 관련 당사자들의 삶의 세계를 관련시켜, 갈등을 다루는 데 있어서 민주적이고 정당한 원칙과 행동양식을 배울 수 있도록 해야 한다. 어떻게 하면 정의롭고, 갈등과 폭력이 적은 사회구조를 만들 수 있으며, 스스로 여기에 기여할 수 있는가를 생각하게 도와주어야 한다.

이렇게 현실을 비판적으로 바라보고 새로운 행동양식을 발견할 수 있을 때, 지금까지 국가나 사회로부터 얻은 인식이나 가치관과는 다른 합리적 시각을 견지할 수 있고, 편견에 사로잡혔던 인식에서 벗어날 수 있다.

평화교육은 근본적으로 나와 타인이 어떻게 함께 사는가를 의식화하는 교육이다. 그리고 존재하는 갈등관계를 공격성이나 배타성, 폭력으로 해결하지 않고 대화와 화해를 통해 평화적으로 해결하는 교육이다(이삼열 1991, 82). 이렇듯 평화교육은 타인과 평화롭게 살려는 인간의 본능을 이끌어내는 것을 함축하고 있다. 평화교육은 인간 정신 속의 내적 갈등과 세계 속에서의 폭력적 상황에 대처하기 위한 능력 함양을 강조한다. 이처럼 평화교육은 개인의 평화와 세계 평화를 창출하기 위한 교육이다.

4. 나가는 글

본 연구의 출발은 '평화문맹'이라는 이 한 마디로부터 시작되었다. 우리는 일상에서 평화라는 말을 거의 모든 것에 붙여서 사용하고 있다. 마음의 평화, 가정의 평화, 종교의 평화, 국가의 평화, 세계의 평화 등 심지어 죽은 이의 사후에도 평화를 이야기한다.

도대체 평화란 무엇인가? 사전적 의미로서의 평화 개념은 다들 알고 있다. 그런데 왜 평화는 이루어지지 않는 걸까? 물론 지엽적이고 찰나의 순간처럼 평화 상태가 존재했다가 사라지기도 한다.

지금까지 이러한 의문을 갖고 평화의 어원적 이해와 현대적 이해로서 소극적 평화와 적극적 평화, 더불어 직접적 폭력과 간접적 폭력에 대해 소략해 보았으며, 평화 정착 또는 영구적 평화의 시작으로 평화 교육을, 한반도의 안보 현안과 평화·통일 교육을 예를 들어 살펴보았다.

　앞서 살펴본 바와 같이 평화는 인류의 이상이면서 공통된 희망이다. 더불어 교육의 관점에서 볼 때는 교육의 목적이며 내용, 그리고 교육의 환경과 생활 그 자체이기도 하다. 또한 평화는 모든 교육 과정에서 어느 때에라도 가르칠 수 있고, 가르쳐야 할 교육적 과제이기도 하다.

　무엇보다 중요한 사실은 평화가 교육 영역의 다양한 관심사들 중의 어느 한 영역에 불과한 것이 아니라 모든 교육 실천의 기본 교육 이념으로서 역할을 할 수 있다는 것이다.

　평화는 교육의 목적, 내용이기 이전에 모든 교육 실천과 지혜를 비추어보는 거울이다. 현재와 같이 인류를 비롯한 모든 생명체의 생존이 위기에 처한 상황에서 '평화'는 교육적 문제를 제기하는 출발점이며, 문제를 해결하는 방법이자, 문제 해결의 지향점으로서 전체적인 세계관을 우리에게 제공해 준다. 따라서 평화는 시대적으로 절실하게 요구되는 교육적 이념인 것이다.

주(註)

1) 평화교육은 모든 지구 구성원들의 평화로운 공존을 위한 근본적인 변화가 교육으로부터 시작되어야 한다는 기준의식을 갖고, 교육을 통해 '평화능력', 즉 평화를 창조할 수 있는 능력을 길러주는 교육이다(박보영 2005, 71).

2) 샬롬의 기본적인 의미는 '완전성'(completeness) 또는 '총체성'(wholeness)이다. 명사형인 샬롬은 '완전하게 되다', '끝마치다', '끝나게 하다' 등의 여러 형태의 의미로 쓰이는 동사형 샬렘(shalem)으로부터 파생되었다(John Macquarrie 1973, 27).

3) "'eirene'나 'pax'의 의미를 학자에 따라 다르게 해석하기도 한다. 예를 들어, 존 맥커리(John Macquarrie)는 'pax'를 갈등적인 이해관계 당사자들 사이의 다소 '깨지기 쉬운 합의'로 해석한다(Macquarrie 1973, 15). 'eirene'의 경우도, 그리스어의 언어적 의미와 성서에서 사용되는 의미가 서로 다르다. 신약성서는 본래가 헬라어로 쓰였는데, 구약에서 사용되고 있는 '샬롬(shalom)'을 헬라어인 'eirene'로 번역하여 사용하고 있다. 때문에 이때의 'eirene'는 'shalom'의 의미를 갖는다(박종화 1992, 11)." 고병헌 2006, 46. 재인용.

4) 김상준은 이를 '코리아 양국체제'라고 부르자고 제안한다. 북한에서는 한반도 대신 '조선반도'라는 명칭을 사용하는 만큼 중립적인 관점에서 '코리아'라는 명칭을 사용하자는 것이다(장은주 2020, 294. 재인용).

5) 이와 관련해서는 한스 기스만, 「독일의 '동방정책'과 한국통일: 유사점과 차이점 및 교훈」, 프리드리히 에버트 재단, 2001. 참조.

6) 샤프(G. Sharp)는 평화교육에 대한 다양한 접근 방식이 있음을 인정하면서 힘을 통한 평화로서의 평화교육, 갈등의 중재와 해소로서의 평화교육, 개인적 평화로서의 평화교육, 세계 질서로서의 평화교육, 권력 관계 폐지로서의 평화교육이 가능하다고 보고 있다(변종헌 2018, 278. 재인용).

종교와 평화를
말하다

2장 | 유교의 평화사상

이석주

1. 들어가는 말

지금까지 평화를 위해서 동서양의 수많은 선구자들이 제시했던 다양한 지혜와 논의를 토대로 평화사상의 가능성을 확인할 수 있었다. 그런데 이러한 가능성으로 세계에 산재해 있는 수많은 종교를 바탕으로 세계를 움직이는 것은 불가능하다. 그렇기 때문에 단지 자신만의 원칙만을 고수한다면 세계의 균형을 찾기에는 불가능하다. 따라서 누구라도 쉽게 믿을 수 있고, 이를 존숭할 수 있는 원칙[1]을 기저로 해서 평화사상이 정착되어야 할 것이다.

이 글에서는 유교의 평화사상에 관한 일단을 유교가 이상사회로 삼고 있는 대동사회를 기저로 해서 논의를 전개할 것이다. 이 논의의 전개를 위해서 왕도와 패도의 이분론을 토대로 반공리주의(反功利主義)의 입장에 있는 맹자의 평화론과 이분법과 그 외연을 확대해서 삼분법의 차원에서 접근했던 순자의 평화사상을 왕도와 패도, 그리고 망도(亡道)의 논점에서 비교분석할 것이다.

기존의 유교와 연관된 평화와 전쟁에 관한 연구 성과[2]는 평화와 전쟁 등의 기본 개념을 토대로 논의를 전개해 왔다.

본 논의에서는 공자 이래로 맹자의 인정(仁政)을 통한 왕도의 도덕적 감화와 균형이 패도의 접근을 원초적으로 차단하는 이분법적 논점을 분석할 것이다.

평화론에 대한 맹자의 이분법적인 방법론과 달리 순자는 왕도와 패도로부터 망도(亡道)에 이르는 세 가지 차원에서 평화론을 제시하고 있다. 특히 이 분석을 통해서 순자가 주목했던 패도는 맹자가 배제했던 의미를 오히려 왕도를 회복할 수 있는 가능성으로서의 패도라는 점에서 패도의 의미에 대한 반전을 보여주었다. 그리고 그는 망도의 일례를 통해서 강자(强者)의 도와 연계해서 현실적인 평화의 지향점을 모색해 나감에 있어서 강자가 약자로서의 전환될 수밖에 없는 당위적 상황을 확인하게 될 것이다.

5차 산업혁명이 도래하고 있는 첨단 과학기술의 발전과 흐름 속에서 고전적인 유교의 평화사상에 관한 담론에 대해서 회의적일 수도 있다. 하지만 이러한 생각은 마치 한 치의 어둠 속에서 공포와 두려움이 어둠에 대한 물리학적 무지[3]에서 나왔다는 사실을 자각하자마자 어둠의 공포가 사라지듯이 유교의 평화사상에 대한 회의적인 생각도 어둠의 무지와 마찬가지이다.

왜냐하면 유교에서 제시했던 평화사상이 비록 고전적인 담론이지만, 4차 산업혁명이 간과했던 인간의 본질에 대한 문제 중에서도 특히 생존과 욕망을 위한 가장 혁신적 기술로서 인간적인 혁신과 인간 중심의 시대를 열 수 있는 단초 제공할 수 있다고 생각하기 때문이다.[4]

2. 평화사상과 대동사회

평화는 태평한 상태를 표현하는 의미라는 점에서 유교에서만 이 개념을 전유물처럼 썼던 것은 아니다. 동서양을 막론하고 평화의 개념에 대한 본질적인 의미는 거의 유사하게 해석된다. 평화를 지향하고 화해로 나아가기 위한 지극한 이치를 제시했던 노자의 '부쟁(不爭)의 덕'[5]

은 평화를 지속할 수 있는 가장 간명한 표현이면서 동시에 실질적인 실천을 수반하게 될 때 그 효과가 극대화된다. 그럼에도 만일 이 세상에 오직 평화만이 지속되었다면 전쟁이라는 말도 평화라는 개념도 새로운 소통의 영역에 만나야 했을 것이다.

하지만 과거로부터 우리의 현실 속에서 평화와 전쟁은 익숙한 단어가 정착되었고, 여전히 선결과제로 남아 있다.

서양문화권에서 사용되었던 평화의 개념의 일례로서 그리스의 '에이레네($Ei\rho\eta\nu\eta$)'는 그리스 신화에서 평화의 여신(호라이 자매 가운데 한 명)이 있고, 로마의 '팍스(Pax)'는 로마 종교에서 평화를 의인화했는데 이 시기에는 이민족의 침입이 없고 치안이 확립되었던 시기에 해당한다.

유대교에서 샬롬은 평화를 의미한다.

동양의 유교문화권에서 '평화'의 어원은 다음 두 측면에서 해석해 볼 수 있다. 첫째 '평(平)'의 개념은 평서(平舒)[6]라는 의미를 토대로 '평평하게 펴다'라고 해석할 수 있다. 둘째, '화(和)'의 의미는 '서로가 응하다[相應]'[7]를 의미하기에 상호 응한다는 뜻으로 해석할 수 있다.

유교에서 평화의 '평'은 세상을 평정하다는 의미로서 해석된다. 이는 곧 상호간의 다툼을 배제하고 제어할 수 있음을 의미한다. 그리고 이러한 힘의 균형은 곧 바로 사소한 상호간의 갈등과 대립이 서로 모나지 않도록 그 자체에서 화해의 상태로 회복하는 차원에서의 '화'를 의미한다.

따라서 '화합'은 유교에서 제시하는 평화의 상태를 구성하는 기본적인 조건이 된다.[8] 그리고 이같은 상호 관계로부터 수없이 반복되는

순기능과 역기능의 상호 작용을 토대로 일체로 회복하는 과정으로 설명하기도 한다.[9]

한편 『중용』에서 '화(和)'는 희로애락(喜怒哀樂)의 감정이 나의 사유를 통해서 행위로 표출될 때 모든 감정의 표현이 어떤 하나의 흔들림도 없이 균형 감각을 그대로 유지하면서 드러나는 것을 의미한다.

따라서 자신의 생각에 대한 표현이 감정으로 표현되더라도 끊임없이 자신의 감정의 균형을 절도(節度)에 맞게 부합하는 하모니의 절정[10]을 지칭한다.

유교문화에서 평화의 균형은 『예기』에서 언급하고 있는 대동사회로의 지향이다. 개인으로부터 사회의 모든 구성원들에게 균등한 분배와 다수의 이익과 의견이 반영되면서 인정(仁政)이 베풀어지는 사회는 '패도'가 자연스럽게 소멸되고, '왕도'가 중심이 되는 사회를 구성하게 된다.

이같은 사회를 함축적으로 언급하고 있는 『예기』「예운」편에서 그 일단을 확인할 수 있다.

대도가 잘 실행될 때에는 천하를 '공공됨[公]'으로 삼는다. 현자를 선발해서 그에게 권능을 주고 신의를 강론하도록 해서 화목을 이끌도록 한다. 그런 까닭에 사람들은 자신의 부모만을 사랑하는 것에 그치지 않고, 자신의 지식만을 사랑하는 데 멈추지 않는다. 노인들에게는 그들의 생애를 편히 임종할 수 있도록 돌보아 주고, 청장년에게는 그들이 일할 수 있는 자리를 마련해 주며, 어린이에게는 그들이 의지하면 성장할 수 있는 터전을 마련해 준다. 홀아비, 과부,

고아, 독신자와 폐질환자들 모두에게는 부양받을 수 있는 곳을 마련해 주고, 남자들에게는 각각의 직분을 부여해 주고, 여자들에게는 돌아가서 생활할 수 있는 집을 마련해 준다. 재화는 땅에 헛되이 내버려지도록 두지 않지만, 그렇다고 해서 개인이 사사롭게 감추어서 사용할 수 없도록 한다. 힘이란 개개인으로부터 나오는 것이지만, 어느 한 개인만을 위해서 이용되지 않도록 한다. 이렇게 함으로써 간사한 일이 벌어지지 않으며, 도둑이나 세상을 어지럽히는 무리들이 생겨나지 않는다. 그래서 대문이 있지만, 잠그지 않게 되었다. 이러한 것을 '대동'이라 한다.[11]

유교의 평화사상이 추구했던 궁극적인 유토피아는 『예기』에서 제시했던 대동사회(大同社會)이다. 그리고 유교의 이상적인 지향처를 『도덕경』의 '소국과민(小國寡民)'[12]과 같은 차원에서 유가와 도가의 유토피아를 지칭하기도 한다. 이른바 소수 구성원으로 구성된 소국과민의 이상사회와 천하의 대규모 구성원과 소통하는 대동사회의 비유이다.

하지만 노자가 『도덕경』에서 제시했던 소국과민의 구성원이 소수라고 언급하지만, 『도덕경』의 전체에서 제시하고 있는 궁극적인 프레임은 천하에 두고 있다. 그렇기 때문에 이런 측면에서 유교의 대동사회와 같은 맥락에서 이해할 수 있다.

3. 맹자의 평화론과 인정(仁政)

맹자가 공자의 인정(仁政)과 화합의 평화사상을 계승하면서 주목했던 핵심 키워드는 평화와 정벌이다. 이에 관한 맹자의 논점은 다음 두 가지로 요약해 볼 수 있다. 첫째, 왕도정치이고, 둘째, 반공리주의(反功利主義)이다. 맹자가 당시 이 두 논지를 토대로 평화의 지향과 반전(反戰)론을 펼쳤던 이유와 논거는 '인정'과 '평화통치'에 두고 있다. 그리고 이에 대한 그의 주장은 일관되게 그 의미를 밝혔다.

그의 일관된 주장의 첫 번째 논거로서 인정(仁政)을 들 수 있다. 그가 제시하고 있는 '인정'의 기본 논점은 인명 존중사상에 두고 있다. 그는 인정의 의미에 대해서 다음과 같은 일례를 제시했다.

사람이 차마 하지 못하는 마음과 선왕이 사람을 차마 해치지 않는 정사를 펼친다면 천하를 다스리는 것이 마치 손바닥 위에 놓고 움직이는 것처럼 쉬울 것이다.[13]

춘추전국시대의 시기적 상황은 열국들이 끊임없는 갈등과 전쟁이 그칠 날이 없었던 것을 감안할 때 평화에 대한 염원이 더욱 간절했을 것이다.

이런 상황에서 맹자가 혼란을 평정해서 평화로 이끌 수 있는 본질적인 대책은 결국 어느 한 지역에서 평화를 정착할 수 있는 가능성을 제시했다. 그래서 이러한 정황에 합당한 리더는 타인의 목숨을 소중히 여기는 사람이 마침내 천하를 통일할 수 있음을 제시했다. 즉 타인의 생명을 자신의 목숨처럼 아낄 수 아는 사람이야 말로 이러한 자격을 갖추고 있다는 것이다.

그래서 그는 다음과 같이 말했다.

맹자가 양양왕을 만나서 이야기를 끝내고 나와 곁에 있는 사람에게 말하기를 멀리서 보아도 임금답지 못하고, 직접 가까이 나가서 보아도 경외할 바를 찾아보지 못했다고 했다. 그때 갑자기 양양왕이 천하는 어디로 정해지겠는가 하고 물었다. 나는 하나로 정해질 것이라고 대답했다. 그러자 다시 누가 통일을 하겠는가 하고 묻자, 맹자는 쉽게 사람을 죽이지 않는 사람이 통일을 할 것이라고 대답했다.[14]

생명을 존중할 줄 아는 리더라고 한다면 온 천하의 사람들이 이 사람을 따르게 될 것이고, 이처럼 현실적으로 압도적인 사람들의 마음을 바꾸어 놓은 흐름을 어떤 상황에서도 결코 바뀔 수 없음을 재차 확인했다. 그리고 이에 대한 결과로서 천하의 사람들이 이 왕에게 천하가 돌아가게 될 것을 그 누구도 막을 수 없음을 확언한다.[15]

그래서 맹자는 "지금 천하의 임금은 사람을 위협해서 죽이거나 즐기는 듯이 사람을 죽이지 않는 자가 없습니다. 만일 즐기듯이 사람의 목숨을 빼앗아가는 자가 있다고 한다면 천하의 사람들이 그에게 고개를 돌려서 바라보게 될 것이다. 참으로 이렇게 된다면 사람들은 그에게 돌아갈 것이니, 이것은 마치 물이 하류로 흘러가는 것과 같아서 위대한 것이니 감히 누가 막을 수 있겠는가"라고 했던 것이다.

그럼에도 맹자가 이러한 논지를 펼치고 있는 이 순간에도 생명을 경시하면서 다른 나라의 국토와 경제의 이해관계를 지배하고 이를 무력으로 탈취하려는 호전(好戰)적인 시대상황을 막기에는 역부족이었다.

이러한 일례로서 당대에 노나라의 총재가 되었던 염구는 자신의 올곧은 덕망과 품성을 정치에 적용해서 실행했던 인물 중에 한 사람이었다. 하지만 그에 대한 기대는 무참히 무너졌다. 그는 자신의 영지로부터 곡물에 대한 세금을 오히려 더 늘려서 징수했고, 인정을 베풀려는 시도는 찾아볼 수 없었다.

이처럼 군주를 부추겨서 재물을 모았던 그의 행동은 덕망이 있는 사람으로서 할 수 일과는 거리가 멀다. 이에 대해서 공자는 그의 행동에 대해서 더없이 극악한 무리와 다르지 않음을 강조했다.

특히 이 당시의 최대 생산수단이 되는 토지를 약탈하기 위해서 전쟁을 일삼는 것은 땅을 거느리고 땅으로 하여금 인육을 먹도록 하는 것이기 때문에 개탄하였다. 그리고 이에 상응하는 형벌로 대응할 것을 강조했다.[16]

한편 맹자는 공리주의(功利主義)적 부국강병책에 관한 문제를 맹렬하게 비판했다. 그는 임금을 모시는 자가 임금을 위해서 토지를 개간하고 창고를 채울 수 있다는 말이 비록 지금은 훌륭한 신하일지라도 옛날에는 백성의 적이라고 했다.

왜냐하면 임금이 취해야 할 마땅한 도리를 취하지 않고, 또한 인정을 베푸는 것에 뜻을 두지 않고 있는 데도 임금을 부유하게 하려는 것은 마치 걸왕을 부유하게 하는 같다고 보았다. 그렇기 때문에 현재의 바른 도리에 준해서 지금의 풍속을 고치지 않는다면, 천하를 다준다고 해도 잠시라도 차지할 수 없다고 단언했다.[17]

맹자는 올바른 길로 군주를 인도해서 그의 역할이 최대한 빛낼 수 있도록 시도해야 주장했다. 하지만 시대적 상황은 정반대의 생각이 행동으로 옮겨지고 있었다. 인간이 욕망의 늪에 빠져 버림으로써 주체할 수 없는 강한 욕망을 군주와 영합했던 것이다. 그리고 이로부터 사악한 방법을 조장해서 임금이 그 길로 가도록 왜곡했던 자세를 강력하게 비판했다.

이같은 일이 발생할 수 있었던 기본적인 원인은 선정(善政)이 전도되면서 악정을 일삼는 당시 지배 권력들이 자신의 경제적인 이익을 취하기 위해서 온갖 상황을 부정한 일을 서슴지 않았기 때문이다. 이는 부국강병책의 실질적인 한계를 여실히 보여주는 내용이다.

그래서 맹자는 정치를 짊어진 사람들이 갖는 공통적인 특징이 전쟁에 의해 살육되는 백성들의 비극적인 상황에는 너무도 무관심함을 토로했다.

다음으로, 맹자가 자신의 학문적 영향력을 토대로 궁극적으로 지향했던 평화통치에 관한 정책을 들어볼 수 있다.

맹자가 자신의 학문적인 근간으로서 인간본성의 논지는 평화를 기저로 한 정책과 그 실천적인 측면으로서 통치와 파급효과의 가능성에 이르기까지 두루 미칠 수 있었다.

이러한 맹자의 가능성은 단순함과 시사성의 의미를 극대화 하는 데 두고 있다. 이를 위해서 그는 '마땅함[義]'을 기저로 하는 원칙론에 대해서 철저한 자기 성찰을 요청했다. 그래서 그는 만일 다른 나라를 침범해서 승리할 수 있다고 하더라도 호전적으로 타국의 침략을 용인하지 않았다. 특히 영토를 확장하기 위한 수단으로써의 전쟁에 대해서 더욱 단호했다.

그 일례로써 노나라에 대해서 강력하게 비판했다. 왜냐하면 이전부터 나라의 제도로서 계급별로 토지를 취할 수 있는 영역을 규정했기 때문이다. 따라서 만일 토지와 관련된 문제가 발생했다면 이것은 단지 토지의 부족에 대한 문제가 보다 넓은 토지를 차지하기 위한 과욕에 기인한 것이다. 이 제도에서는 과도하게 토지를 소유하기 위해서 확장하거나 또는 공식적인 원칙과 의례를 준수하기 위해서는 각 영역마다 제한을 두었던 것이다.

전쟁을 하지 않고 타국의 토지를 다른 나라에 양도하는 것조차도 옳지 못한 것이기에 인자는 이러한 일을 삼가야 한다고 했다. 여기서 전쟁을 통해서 수많은 사람들을 죽이면서까지 타국의 영토를 약탈하는 것도 동일한 차원에서의 폭력임을 강조했다.[18]

여기서 또한 사람을 죽여서 토지를 구하는 행위는 생명의 경시와 경제적 침탈을 우선시하는 침략 정책임을 강력하게 비판했다.

이러한 맹자의 논지와 반대되는 송경(宋牼)의 일화[19]는 이 시기에 평화주의자로서 활약했던 사람으로서 맹자가 지향했던 평화의 기저의 의미로서의 '인(仁)'과 '의(義)'와 배치된다. 여기서 두 사람이 언급한 내용의 상이점은 '옳음[義]'과 '이익[利]'의 지향처가 시작부터 달랐다.

무모한 전쟁은 수많은 사람들에게 불이익과 생명마저 잃게 된다. 그래서 맹자는 인의(仁義)를 통해서 부당한 이익을 취하는 것으로부터 발생되는 많은 문제와 한계를 밝혀냄으로써 '이익'에 대한 언급이 저절로 사라지게 된다고 했던 것이다.

맹자는 송경과의 대화를 통해서 사사로운 이익으로부터 자신의 부조리한 현실상황에서 벗어날 수 있게 하는 가장 큰 계기를 '인의(仁義)'에서 찾았다. 동시에 호전적인 생각을 전환시킬 수 있는 최상의 방법임을 제안했다.

그런데 '옳음'과 '이익'의 의미가 맹자와 달랐던 묵가의 묵자는 이양자의 의미를 달리 이해했다.

이러한 논점을 묵자와 비교해 볼 때 의(義)와 리(利)의 이중적인 근거로부터 전쟁을 반대하고 평화를 주창했던 언급과는 차이가 있다. 묵자가 '비공(非攻)'에 관한 논의에서 전쟁을 반대했던 대표적인 이유는 다음 네 가지로 정리할 수 있다.

첫째, 인간의 도리에 있어서 마땅함[義]에 배치되는 침략 전쟁을 부정했던 이유를 들 수 있다. 둘째, 자기중심으로부터 탈피해서 겸애(兼愛)와 별애(別愛)를 관통하는 휴머니즘과 불가분의 관계에 주목했다. 셋째, 인간관계에 있어서 사실인식과 가치인식과의 상호관계성을 흑백의 변론, 감고(甘苦)의 변론, 의(義)와 불의(不義)의 변론을 제시했다. 넷째, 전쟁의 유해무익한 것으로서 경제손실을 수반하기에 수많은 토지와 백성을 수탈의 폐단이 발생한다는 것이다.[20]

하지만 맹자가 제시했던 평화론에 대한 정책적인 대안과 달리 주변국의 상황은 전혀 다르게 반응했다. 그래서 그가 취했던 강력한 대응은 보다 철저한 왕도정치의 시행이었다. 그리고 다른 차원에서 호전적인 이웃 나라에 대해서 이에 상응하는 강력한 공격으로 응수할 것을 요청했다.

이에 대한 대표적인 일례를 살펴보자.

맹자가 말하기를 어떤 사람이 나는 진을 잘 치고 나는 전쟁을 잘한다고 말한다면 그는 큰 죄인이다. 임금이 인(仁)을 좋아하면 천하에 적수가 없는 법이다. 탕임금이 남쪽을 향하여 정벌을 하면 북쪽 오랑캐가 원망하고, 동쪽을 향하여 정벌을 하면 서쪽 오랑캐가 원망하면서 어째서 우리는 뒤에 정벌하는가라고 말할 정도였다고 하는 것이었다. 무왕이 은나라를 정벌할 때에 전차 300량과 날랜 군사 3000명만 데리고 갔는데, 그때 무왕이 은나라 백성들에게 말하기를, 두려워 말라. 너희들을 편안하게 해주려는 것일 뿐, 백성들을 대적하려는 것이 아니라고 말하자, 마치 항복하는 짐승이 뿔을 떨구듯이 은나라 백성들이 머리를 조아렸다. 정벌이란 말은 바로잡는다는 뜻이다. 각자 자기 나라를 바로잡아 주기를 바라는데 무슨 전투를 할 수 있었겠는가.[21]

한편 맹자가 이웃 나라와 교류하면서 각 나라마다 평화를 위한 정책은 각각 달리 적용했다. 즉, 대국이 소국을 대우하는 경우와 소국이 대국을 대우하는 두 가지 경우에 따라서 다른 방법을 적용했다.[22]

맹자가 이 방법을 통해서 시도했던 것은 위정자가 인정(仁政)을 베풀 때 마음가짐에 주목했다. 위정자의 마음가짐에는 먼저 상대를 순식간에 무력으로 제압하고, 이로부터 위엄을 뽐내는 졸렬한 행동이 곧 '작은 용기[小勇]'이다. 이 행동으로부터 얻을 수 있는 것은 오직 한 사람의 상대를 제어하는 정도에 그치고 만다.

하지만 '큰 용기[大勇]'는 작은 용기를 지양하고 대범한 행동으로서 용렬하고 비겁한 행위를 펼치지 않고 오직 '옳음'의 가치판단을 기준으로 자신의 행동의 성찰하는 것이다.

이처럼 대도(大道)의 귀감을 보여주었던 내용을 『시경』의 문왕의 일화에 관한 일례에서 찾아보자. 주나라를 향해 전쟁을 일으키자 이에 대해서 문왕이 화를 내면서 전쟁을 막아 주었다. 그리고 마침내 주나라 백성들에게 전쟁의 혼란으로부터 평화를 회복해 주었다는 내용이다.

『서경』에서는 무왕의 일례를 들어서서 설명했다. 이 일화에서는 죄를 다스리고 국가의 평안함을 유지할 수 있는 가장 근본을 국가의 법규를 지키는 데 중점을 두었다. 그 중에서 은나라 주왕이 실정을 범하고 백성들에게 학정을 일삼는 것에 대해서 화를 내면서 은나라의 백성들에게 평화를 회복시켜 준 계기를 들고 있다.[23]

이처럼 맹자가 제시했던 평화통치 정책이라고 해도 그 나름대로 충분한 생각을 통해서 이끌어낸 결과이다. 맹자의 단박한 이상주의는 그가 설득하고 있는 상대가 항상 지배자를 대상으로 진행되었음을 상기할 필요가 있다. 이 시기에 제후들의 관심사는 경제적인 이해관계와 영토 확장하기 위해서 군사력을 강화해서 다른 나라를 침략하는 기회로 삼게 되었고, 이에 상응하는 간교한 책략을 더욱 조장했던 시기임을 감안할 때 굳이 맹자가 나올 필요는 없었을 것이다.

하지만 이러한 공리주의적 군국주의의 맹목적인 폭도와 이를 동반한 내정의 황폐로 인해서 마침내 민심이 서로 등지고 떠나는 결과를 초래했다. 그 결과 지배체제의 토대가 붕괴되지 않고서는 해결되지 않았을 것이다.

맹자가 정치적으로 도입해야 할 것을 인정했던 것은 이같은 폭도를 제압하고, 보다 지배체제를 안전하게 하기 위한 하나의 원칙이었다. 그래서 새로운 정치원리야말로 이른바 '왕도' 이외에 다른 것이 아니었다.

여기서 많은 백성들의 지지가 없다면 언젠가 지배체제를 유지하는 것이 불가능하다는 현실인식이 있었다. 게다가 지지를 얻기 위한 '인정(仁政)'은 일정한 지배체제가 자멸을 막기 위해서 반드시 채용해야만 하는 최적의 자기방어책이었다. 만일 주어진 현실에 매몰된 생각밖에 할 수 없었다면 이 평화사상의 발상은 없었을 것이다.

맹자는 과도한 이익과 생명존중을 경시하는 패도주의에 강력하게 대처했다. 평화주의의 원칙론을 확인하면서 생명존중을 가장 중요한 원칙으로 삼았던 '인정(仁政)'은 자신의 사단(四端)의 인간 본성론을 토대로 자신의 완성으로부터 타자의 확립을 지향했다.

4. 순자의 패도(覇道)와 공리주의

공자를 계승한 맹자가 왕도정치를 주축으로 전개했던 평화정책의 논지가 유가로서의 순자에게 전혀 새로운 차원으로 전개된 것은 아니다. 그렇다고 해서 순자의 평화사상에 대한 이해를 공자와 맹자의 사상적 맥락에서 동일시할 수는 없다.

순자가 제시했던 평화사상의 기본 논지는 왕도정치의 사상적 궤적에서 벗어나지 않는다. 다만 순자가 지향했던 평화사상은 현실적인 정책에 대한 강력한 의지를 반영하고 있다. 여기서 순자의 정치적인 특징은 공자와 맹자로부터 배제되었던 패도(覇道)정치의 의미를 적극적으로 해석했다는 점에 주목할 필요가 있다.

공자와 맹자는 왕도정치와 패도정치를 이분법적 차원에서 구분했다. 하지만 순자는 왕도정치와 패도정치를 세 차원으로 구분하면서 공자와 맹자의 기준을 새롭게 재구성했다. 즉 순자는 왕도와 패도, 그리고 망도(亡道)[24]로 구분했다. 그리고 이 세 구분에 대한 직접적인 일례를 다음에서 확인할 수 있다.

나라를 다스리는 자가 옳음을 세우면 임금이 되고, 신뢰를 세우면 패자가 되며, 권모술수를 세우면 패망한다. 이 세 가지는 현명한 임금이 신중하게 선택해야 하는 것이며, 인자(仁者)는 최선을 다해서 밝혀내야 하는 내용이다.[25]

여기서 순자는 세 가지 영역으로 구분했던 근본적인 의미를 보다 자세하게 자신의 의도를 설명했다. 먼저, 왕도이다. 순자는 만일 한 국가 모든 일에 적절하게 대응해서 선정을 베풀기 위한 기본 요건으로서 '예의'를 들었다.

따라서 예의를 도덕 가치판단의 기준으로 삼아서 나와 타자와의 관계에 대한 옳고 그름을 정확하게 판단할 것을 강조했다. 여기서 나와 타자 간에 발생할 수 있는 옳지 않은 일은 곧 부당한 일을 수행하면서 발생하는 경우이다.

만일 불의(不義)한 행동으로 많은 사람을 위험한 상황으로 빠뜨린 이후에 자기편의 사람들에게 이익을 가져다주는 행위는 절대 하지 않는 것이다. 이것을 군왕에게 적용했을 때 예의는 나라를 다스리는 일을 시작으로 해서 덕치의 완성에 이르게 된다.[26]

다음으로, 패도이다. 순자가 제시하는 패도는 공자와 맹자의 패도정치의 의미를 달리 해석했다. 그는 패도란 "진실하고 성실하며 믿을 수 있는 선비와 함께 한다"[27]라고 해석했다. 왜냐하면 패도는 왕도정치로서의 덕치(德治)사상을 그대로 체현한 것과는 변별해서 이해했다. 그래서 그는 나라를 다스림에 있어서 신상필벌(信賞必罰)의 원칙적인 제도와 국방을 책임질 수 있는 강력한 군대의 정비를 기본 요체로 삼았다.

이로부터 나라에서 시행하는 명령과 다른 나라와의 조약에 대한 신뢰감은 궁극적으로 상호의 위상과 믿음을 줄 수 있는 정치패턴으로 삼았다. 아울러 군주가 성실하고 신뢰할 만한 사람과 함께 정정당당하게 국가 정치에 임하는 정치적인 실효성에서 그 효과를 기대할 수 있는 현실적인 정치를 의미한다.

마지막으로, 망도이다. 이는 사람과의 관계를 오직 권모술수로서 대응하는 경우에 해당한다. 이런 의미에서 이 정치패턴은 곧 나라는 패망의 길로 이끌게 된다.[28] 망도의 패턴은 공리(功利)의 유혹에 빠지게 되면서 모든 도의(道義)와 신의(信義)를 잃어버리게 된다. 그 결과 내부적으로는 백성을 속여서 사사로운 작은 이익을 쫓아다니게 된다.

또한 외부적으로 볼 때 이웃 동맹국의 신뢰를 잃어 가면서까지 큰 이익을 취하려는 시도를 하게 된다. 그 결과 국가 간의 신뢰를 상실하게 된다. 또한 권모술수로부터 옳음의 지향이 사멸되면서 결국 나라가 멸망에 이르게 된다.

여기서 순자는 왕도정치의 이상으로부터 패도정치를 현실에 보다 효과적으로 적용하면서 이것을 제어하려는 시도를 엿볼 수 있다. 이런 의미에서 이해할 때 패도정치가 왕도정치로 전환될 수 있는 가능성의 시도라고 평가할 수 있다.

한편 순자가 제시했던 패도정치는 공자 사상에서 반영했던 '환공(桓公)'과 '관중(管仲)'의 일례에 대한 그의 해석을 통해서 새롭게 평가해 볼 수도 있다.

자로가 묻기를, '제나라 환공이 공자규(公子糾)를 죽이자, 소홀은 그를 위해 죽었지만 관중은 죽지 않았기에 인(仁)하지 않다고 해야 하겠지요.' 공자가 말하기를, '환공이 제후를 규합하면서 무력으로 제압하지 않은 것은 관중의 지략이었다. 그 정도로 인(仁)하면 된 다.' 자공이 말하기를, '관중은 인(仁)한 사람이 아닙니다. 환공이 공자규를 죽였는데 따라 죽지도 못하고 오히려 그를 도와주었습니다.' 공자가 말하기를, '관중이 환공을 도와서 제후의 패권을 잡게 하여 천하를 바로잡았고, 백성들이 지금에 이르도록 그 은혜를 받고 있다. 관중이 없었더라면 우리는 머리를 풀어헤치고 옷깃을 왼쪽으로 여미는 오랑캐가 되었을 것이다. 어찌 보통 사람들이 사소한 신의를 지키기 위해서 스스로 도랑에서 목매어 죽은 뒤에도 아무도 알아주는 사람이 없게 되는 것과 같겠는가.'[29]

이처럼 관중의 행동에 대한 서로 다른 평가를 내렸다. 관중의 행동이 일반 사람들에게는 사사로움에 그쳤다고 생각했다. 하지만 공자는 오히려 그가 큰 뜻을 위해서 취했던 행동으로 해석했다. 이같은 공자의 관중에 대한 평가에 대해서도 흔히 '동기주의'에 적용하지 않고, 오히려 '결과주의'에 상응하는 평가를 했다는 점에서 상이하다.

하지만 순자는 이 내용을 토대로 패도의 의미를 세 가지 의미로써 정밀하게 분석했다. 첫째, 대지(大知), 둘째, 대결(大決), 셋째, 대절(大節)이다.

패도정치로서 제시한 첫 번째, '대지'는 환공이 공자규와 함께 했던 관중을 자신의 숙적이었음에도 불구하고 오히려 제나라를 관장할 만한 재상으로 관중을 선택했다. 이런 환공의 혜안을 일컬어서 언급한 의미가 '대지'이다. 두 번째, '대결'은 환공에게 있어서 가장 먼 거리에 두어야 할 숙적이었던 관중을 재상으로 임용했던 그의 선택을 의미한다. 세 번째, '대절'은 환공이 재상으로 관중을 발탁한 이후에 그에게 최고의 예우를 해 줌으로써 관중의 역량을 최대한 펼칠 수 있도록 배려해 준 것을 의미한다.

이런 환공의 대담한 선택은 세 가지에 대한 방법을 통해서 인재를 등용했고, 이로부터 제나라의 평화를 유지할 수 있는 기틀을 마련했다. 그래서 순자는 이런 환공의 상황이 패도의 차원을 통해서 얻은 행운이 아님을 강조했다. 여기서 그가 선택한 의지는 당연히 부여받아야 하는 이치였다.[30]

하지만 이러한 환공의 위상은 오히려 공자의 문인들에 의해서 비난을 받았다. 그 이유는 환공이 성공할 수 있었던 계기가 덕치주의의 근본에 입각해서 교화와 절문(節文)의 치리(治理)를 펼치지 않았기 때문이다.[31]

그렇다고 해서 유가로서의 순자가 패도정치를 완전히 배척한 것이 아니다. 순자는 자신이 당시 급박한 전쟁의 상황에서 나라의 평화를 수호할 수 있는 최선의 방법을 현실의 실질적인 측면에서 모색했다. 이것이 곧 왕도정치로서 국가의 평화를 회복할 수 없다면, 패도정치를 기저로 해서 평화를 모색하는 것이 현명한 방법이라는 의도를 제안했던 것이다.

순자가 활약했던 전국시대는 춘추시대로부터 줄곧 전쟁이 끊이지 않고 지속되었던 혼란의 정국이었다. 그래서 그가 취했던 평화에 대한 염원은 오히려 자연스럽게 자국이 이웃 나라로부터 침략당하지 않도록 강력한 힘을 축적해서 대비하는 것에 집중했다.

자국의 강력한 군대를 구축해서 혼란의 시대를 평화롭게 유지하는 최선책으로 삼았다. 더욱이 부국강병책을 기반을 한 것이 대내외적으로 볼 때 사사로운 이익을 취하는 공리(功利)적 입장에 대해서는 회의적이었다. 이러한 그의 생각은 강도(强道)[32]의 패턴에서 잘 보여주고 있다.

순자는 공자와 맹자의 왕도정치와 패도정치를 수용하고 있다. 그리고 이것을 기저로 해서 강도(强道)정치가 연계될 때 비로소 왕도정치가 완성된다고 보았다. 그래서 그는 왕도정치로부터 인심을 얻을 수 있고, 패도정치로부터 이웃 나라와의 돈독한 신뢰와 우호적인 상호관계를 구축할 수 있음을 밝혔다.

그리고 왕도정치와 패도정치의 패턴과 달리 강도(强道)정치를 통해서 자국에서 취할 수 있는 가장 직접적인 것이 타국의 땅을 얻을 수 있다는 것이다.[33]

그리고 이 세 가지 패턴으로부터 임금이 제후와의 관계가 어떤 상태인지에 따라서 이를 구분했다. 즉 충실한 제후를 신하로 두게 되면 그는 임금의 자격을 갖게 되는 것이고, 제후와 단지 상호 우호적인 관계를 유지하는 경우에는 패자가 된다.

하지만 만일 적대관계로서 제후와 관계를 맺게 된다면 결과적으로 위태로워진다는 것이다.[34] 그래서 이 세 가지 패턴 중에서 '망도'는 '강도(强道)'를 의미한다.

순자가 제시했던 왕도정치의 구현은 덕성의 실천과 타국에 대해서 강력한 힘을 행사해서 압력을 가하는 것을 배제하는 것이다. 하지만 그가 제안했던 평화통치에 있어서 이러한 생각을 그대로 반영하는 것에 대해서는 논의의 여지가 있다. 그 이유를 다음에서 살펴보자.

먼저, 순자는 왕도정치를 통해서 이웃 나라를 굴복시키는 권한을 부여했다. 하지만 패도정치를 통해서는 왕도정치와 같은 권한을 인정하지 않았다는 점이다.

그런데 그가 이렇게 왕도정치와 패도정치에 대한 서로 다른 기준을 제시했던 이유는 전국시대의 혼란한 시대적 상황의 반영에 있다. 당시 혼란한 정국임에도 불구하고 국가의 평화통일 정책을 수립하기 위한 원칙과 기준으로서 예(禮)와 인(仁), 그리고 의(義)가 왕도정치의 지향이라고 이해할 수 있다.[35]

다음으로, 순자는 군대에 대해서 공자나 맹자와 다른 관점에서 출발한다는 점이다. 여기서 주목할 부분은 『순자』에는 「의병」편이 있다는 것이다.

순자는 이 편에서 군대의 사용처에 대해서 상세히 언급하고 있다.

즉 강한 나라일수록 군대를 사용하는 것에 대해서 신중하다고 보았다. 그리고 이와 반대인 나라의 경우에는 약하다는 것이다.[36]

군대의 사용과 관련해서 이사(李斯)와의 논변을 통해서 적극적으로 자신과 다름을 강조했다. 순자는 공리(功利)를 추구하는 전쟁[37]을 추구하는 이사를 비판했다. 이사는 그 비판에 대해서 역사적인 논거를 토대로 반론을 제기했다. 여기서 이사는 과거 진나라가 전승을 거두었던 시기[38]의 승리는 인의에 입각한 왕도가 아니라, 오로지 편함만을 추구한 것에 불과하다고 주장했다.[39]

이러한 이사의 비판에 대해서 순자는 '편함'에 대해서 서로 다른 시각에서 해석하고 있다고 반박했다. 순자는 이사가 제시했던 '편함'은 단지 '불편한 편함'이다. 그리고 순자가 언급했던 '크게 편함'은 곧 인의(仁義)라고 주장했다.

여기서 순자는 자신이 주장한 '인의'가 토대가 될 때 선정을 베풀 수 있는 계기가 됨을 강조했다. 그리고 이 제도가 순조롭게 시행된다면 자혜로운 군왕의 위상을 발휘하게 되는 것이라고 했다.[40]

그래서 순자는 강국의 무력을 통한 억압의 정치는 결국 타국의 사람들뿐만 아니라, 자국민에게도 피해의 파급효과가 있음에 주목했다. 그리고 자국민이 입었던 피해는 결국 위정자에 대한 원망으로 직결된다. 비록 강대국이 전쟁을 통해서 물질적인 획득은 가능했을지라도 민심을 잃는 결과를 낳게 된다는 것이다.[41]

5. 나가는 말

공자의 인정(仁政)과 화합을 통한 대동사회의 지향은 유교의 평화사상을 구축하는 중심축으로 작용했다. 하지만 이들이 평화사상에서 제시하고 있는 논의가 전쟁의 순기능의 상황을 허용함과 동시에 평화와 전쟁의 논의를 상호모순적인 관계로서 이해할 수도 있다.

공리(功利)주의로부터 발생되는 불균등과 불안의 폐단이 배제된 화합과 평화를 지향했던 공자는 덕으로써 인을 실행하는 왕도를 토대로 평화를 회복해야 함을 역설했다. 하지만 맹자는 공자가 지향했던 왕도를 도덕적 가치 판단으로 삼고, 이로부터 인정의 실천을 통해서 패도를 지양해 나갈 것을 강조했다. 그래서 그는 인정의 실천이야말로 지배체제가 자멸하는 것을 방어할 수 있는 최상의 방어책임으로 삼았다. 이런 그의 논지에서 경제의 우선시와 인명의 경시 차원의 공리주의는 극력 배격했다.

맹자의 왕도와 패도론에서 한 걸음 더 나아간 순자의 평화론은 패도를 통한 현실적인 측면을 적극 수용하려는 최후의 차선책에 집중했다. 다만 패도가 자칫 '망도'로 빠지지 않도록 주의를 기울였던 것도 결국 공리(功利)에 치우치지 않는 '강도(强道)'가 아니다. 패도로부터 회복할 수 있는 왕도에서 그 가능성을 모색했다.

새로운 5차 산업혁명의 흐름을 맞이하는 현실에서 유교의 평화론은 인문학의 본질에 대한 성찰과 인간의 본성의 현주소를 재고하는 중요한 계기를 제공할 수 있다. 더욱이 레트로의 시대적 흐름은 인문주의와 인간론을 회복하는 가교가 될 것이다.

주(註)

1) 시린 에바디, 「세계평화와 문명 간의 대화」『2009 문명과 평화』, 지문당, 2010, 11쪽.

2) 김충렬, 「道家의 平和思想」『한반도평화론』, 1989.; 서세영, 「유가철학에서 전쟁의 의미와 도덕적 지향」『한중인문학회국제학술』11, 2018; 송영배, 「儒敎의 '理想的社會觀' 과 平和의 倫理」『유교사상문화연구』11집, 1999; 윤사순, 「韓國儒學의 平和思想」『한반도평화론』, 1989; 윤지원, 「선진유가 전쟁관에 대한 소고」『유교사상문화연구』74집, 2018; 이서행, 「한국사상의 평화이념 고찰」『평화학연구』1호, 2004.

3) "어두움이라는 물리학적인 정의는 파장의 길이가 400~600나노미터 사이인 광자의 결여상태를 의미한다. 어두움은 감각기관을 통해서 깜깜한 공간이 끊임없는 연속되는 것으로 보이는 것일 뿐이다. 그렇기 때문에 우리가 느꼈던 공포는 그저 단순한 심리적인 환상에 불과하다."(이석주, 「충서(忠恕)와 정보철학－구성주의의 관점에서－」『철학.사상.문화』33호, 2020, 249쪽.)

4) 이석주, 『나도 노인이 된다』, 고반, 2020, p.7.

5) 『도덕경』68장, "善爲士者 不武 善戰者 不怒 善勝敵者 不與 善用人者 爲之下. 是謂不爭之德 是謂用人之力 是謂配天 古之極."

6) 단옥재, 『설문해자』, 상해고적출판사, 1988, 205쪽.

7) 단옥재, 『설문해자』, 상해고적출판사, 1988, 57쪽.

8) 이호재편, 『한반도평화론』, 법문사, 1989, 26쪽.

9) 김충렬, 「道家의 平和思想」『한반도평화론』, 1989, 74쪽.

10) 『중용』, "喜怒哀樂之未發謂之中 發而皆中節謂之和."

11) 『예기』「예운」, "大道之行也 天下爲公 選賢與能 講信修睦. 故人不獨親其親 不獨子其子 使老有所終 壯有所用 幼有所長 矜寡孤獨廢疾者 皆有所養 男有分 女有歸 貨惡其棄於地也 不必藏於己 力惡其不出於身也 不必爲己. 是故謀閉而不興 盜竊亂賊而不作 故外戶而不閉, 是謂大同."

12) 『도덕경』80장, "小國寡民 使有什佰之器而不用 使民重死而不遠徙. 雖有舟輿 無所乘之 雖有甲兵 無所陳之 使人復結繩而用之. 甘其食 美其服 安其居 樂其俗. 隣國相望 鷄犬之聲相聞 民至老死不相往來."

13) 『맹자』「공손추 상」, "孟子曰人皆有不忍人之心. 先王有不忍人之心 斯有不忍人之政矣 以不忍人之心 行不忍人之政 治天下可運之掌上."

14) 『맹자』「양혜왕 상」, "孟子見梁襄王 出語人曰望之不似人君 就之而不見所畏焉. 卒然

問曰天下惡乎定 吾對曰定于一. 孰能一之 對曰不嗜殺人者能一之."

15) 『맹자』「양혜왕 상」, "今夫天下之人牧 未有不嗜殺人者也. 如有不嗜殺人者 則天下之民皆引領而望之矣. 誠如是也 民歸之 由水之就下 沛然誰能禦之."

16) 『맹자』「공손추 상」, "孟子曰求也爲季氏宰 無能改於其德 而賦粟倍他日. 孔子曰求非我徒也 小子鳴鼓而攻之可也. 由此觀之 君不行仁政而富之 皆棄於孔子者也. 況於爲之强戰 爭地以戰 殺人盈野 爭城以戰 殺人盈城. 此所謂率土地而食人肉 罪不容於死. 故善戰者服上刑 連諸侯者次之 辟草萊任土地者次之."

17) 『맹자』「고자 하」, "孟子曰今之事君者曰我能爲君辟土地充府庫. 今之所謂良臣 古之所謂民賊也. 君不鄉道 不志於仁 而求富之 是富桀也. 我能爲君約與國 戰必克. 今之所謂良臣 古之所謂民賊也. 君不鄉道 不志於仁 而求爲之强戰 是輔桀也. 由今之道 無變今之俗 雖與之天下 不能一朝居也."

18) 『맹자』「고자 하」, "魯欲使慎子爲將軍 孟子曰不敎民而用之 謂之殃民. 殃民者 不容於堯舜之世. 一戰勝齊 遂有南陽 然且不可. 慎子勃然不悅曰此則滑釐所不識也. 曰吾明告子. 天子之地方千里不千里 不足以待諸侯. 諸侯之地方百里不百里 不足以守宗廟之典籍. 周公之封於魯 爲方百里也. 地非不足 而儉於百里. 太公之封於齊也 亦爲方百里也 地非不足 而儉於百里. 今魯方百里者五 子以爲有王者作 則魯在所損乎. 在所益乎. 徒取諸彼以與此 然且仁者不爲 況於殺人以求之乎. 君子之事君也 務引其君以當道 志於仁而已."

19) 『맹자』「고자 하」, "宋牼將之楚 孟子遇於石丘 曰先生將何之. 曰吾聞秦楚構兵 我將見楚王說而罷之. 楚王不悅 我將見秦王說而罷之 二王我將有所遇焉. 曰軻也請無問其詳 願聞其指. 說之將何如. 曰我將言其不利也. 曰先生之志則大矣 先生之號則不可. 先生以利說秦楚之王 秦楚之王悅於利 以罷三軍之師 是三軍之士樂罷而悅於利也. 爲人臣者懷利以事其君 爲人子者懷利以事其父 爲人弟者懷利以事其兄. 是君臣父子兄弟終去仁義 懷利以相接 然而不亡者 未之有也. 先生以仁義說秦楚之王 秦楚之王悅於仁義 而罷三軍之師 是三軍之士樂罷而悅於仁義也. 爲人臣者懷仁義以事其君 爲人子者懷仁義以事其父 爲人弟者懷仁義以事其兄 是君臣父子兄弟去利 懷仁義以相接也. 而不王者 未之有也. 何必曰利."

20) 村瀨裕也, 『東洋の平和思想』, 靑木書店, 2004, 35쪽.

21) 『맹자』「진심 하」, "孟子曰有人曰 我善爲陳 我善爲戰 大罪也. 國君好仁 天下無敵焉. 南面而征 北狄怨 東面而征 西夷怨. 曰奚爲後我. 武王之伐殷也 革車三百兩 虎賁三千人. 王曰無畏寧爾也 非敵百姓也 若崩厥角稽首. 征之爲言正也 各欲正己也, 焉用戰.

22) 『맹자』「양혜왕 하」, "齊宣王問曰交鄰國有道乎. 孟子對曰有. 惟仁者爲能以大事小 是故湯事葛 文王事昆夷. 惟智者爲能以小事大 故大王事獯鬻 句踐事吳. 以大事小者 樂天者也 以小事大者 畏天者也. 樂天者保天下 畏天者保其國."

23) 『맹자』「양혜왕 하」, "王曰大哉言矣. 寡人有疾 寡人好勇. 對曰王請無好小勇. 夫撫劍疾視曰彼惡敢當我哉 此匹夫之勇 敵一人者也. 王請大之. 詩云王赫斯怒 爰整其旅 以遏徂莒 以篤周祜 以對于天下. 此文王之勇也. 文王一怒而安天下之民. 書曰天降下民 作之君 作之師. 惟曰其助上帝 寵之四方. 有罪無罪 惟我在 天下曷敢有越厥志. 一人衡行於天下 武王恥之 此武王之勇也 而武王亦一怒而安天下之民. 今王亦一怒而安天下之民 民惟恐王之不好勇也."

24) '망도정치'는 권모술수의 의미로 해석할 수 있다.

25) 『순자』「왕패」, "用國者 義立而王 信立而霸 權謀立而亡. 三者明主之所謹擇也 仁人之所務白也."

26) 『순자』「왕패」, "故與積禮義之君子爲之則王."

27) 『순자』「왕패」, "與端誠信全之士爲之則霸."

28) 『순자』「왕패」, "與權謀傾覆之人爲之則亡."

29) 『논어』「헌문」, "子路曰桓公殺公子糾 召忽死之 管仲不死 曰未仁乎. 子曰桓公九合諸侯 不以兵車 管仲之力也 如其仁如其仁. 子曰桓公 九合諸侯 不以兵車 管仲之力也 如其仁 如其仁. 子貢曰管仲非仁者與. 桓公殺公子糾 不能死又相之. 子曰管仲相桓公霸諸侯 一匡天下 民到于今 受其賜 微管仲 吾其被髮左衽矣. 豈若匹夫匹婦之爲諒也 自經於溝瀆而莫之知也."

30) 『순자』「중니」, "若是而不亡 乃霸 何也. 曰於乎 夫齊桓公有天下之大節焉 夫孰能亡之. 倓然見管仲之能足以託國也 是天下之大知也. 安忘其怒 出忘其讎 遂立爲仲父 是天下之大決也. 立以爲仲父 而貴戚莫之敢妬也. 與之高國之位 而本朝之臣莫之敢惡也. 與之書社三百 而富人莫之敢距也. 貴賤長少 秩秩焉莫不從桓公而貴敬之 是天下之大節也. 諸侯有一節如是 則莫之能亡也. 桓公兼此數節者而盡有之 夫又何可亡也. 其霸也 宜哉 非幸也 數也."

31) 『순자』「중니」, "然而仲尼之門 五尺之竪子言羞稱五伯 是何也. 曰然. 彼非本政敎也 非致隆高也 非綦文理也 非服人之心也. 鄕方略 審勞佚 畜積修鬪 而能顚倒其敵者也. 詐心以勝矣. 彼以讓飾爭 依乎仁而蹈利者也 小人之傑也 彼固曷足稱乎大君子之門哉."

32) 강도(强道)정치는 곧 망도(亡道)정치와 동일한 의미이다.

33) 『순자』「왕제」, "王奪之人 霸奪之與 彊奪之地."

34) 『순자』「왕제」, "奪之人者臣諸侯 奪之與者友諸侯 奪之地者敵諸侯. 臣諸侯者王, 友諸侯者霸 敵諸侯者危."

35) 村瀬裕也, 『東洋の平和思想』, 靑木書店, 2004, 79쪽.

36) 『순자』「議兵」, "重用兵者强,輕用兵者弱,權出一者强,權出二者弱,是强弱之常也."

37) 순자의 전쟁에 관한 언급은 유가의 의전(義戰)을 인정하는 측면을 수용하고, 이로부터 왕도에 의거한 군대의 성격을 "주벌은 있지만 전쟁은 없다"(「의병」)는 차원에서 해석

할 수 있다.(서세영,「유가 철학에서 전쟁의 의미와 도덕적 지향」〈한중인문학회 국제 학술회의〉, 2018.11, 219-220쪽.)

38) 이 시기는 효공·혜문왕·무왕·소양공에 해당한다.

39) 『순자』「議兵」, "李斯問孫卿子曰 秦四世有勝 兵强海內 威行諸侯 非以仁義爲之也 以便從事而已."

40) 『순자』「議兵」, "孫卿子曰 非女所知也 女所謂便者 不便之便也. 吾所謂仁義者 大便之便也. 彼仁義者 所以脩政者也, 政脩則民親其上 樂其君 而輕爲之死. 故曰凡在於君 將率末事也. 秦四世有勝 諰諰然常恐天下之一合而軋己也 此所謂末世之兵 未有本統也."

41) 『순자』「왕제」, "用彊者 人之城守 人之出戰 而我以力勝之也 則傷人之民必甚矣. 傷人之民甚 則人之民惡我必甚矣. 人之民惡我甚 則日欲與我鬪. 人之城守 人之出戰 而我以力勝之 則傷吾民必甚矣. 傷吾民甚 則吾民之惡我必甚矣. 傷民之惡我甚 則日不欲爲我鬪. 人之民日欲與我鬪 吾民日不欲爲我鬪 是彊者之所以反弱也. 地來而民去 累多而功少 雖守者益 所以守者損 是以大者之所以反削也. 諸侯莫不懷交接怨而不忘其敵 伺彊大之間 承彊大之」此彊大之殆時也."

종교와 평화를
말하다

3장 | 증산의 평화사상

김영주

1. 들어가는 말

'폭력 없는 상태'는 평화를 정의할 때, 가장 일반적으로 사용되는 문장이다. 갈퉁의 '적극적 평화'(Positive Peace)가 대체로 여기에 해당된다. 여기서 문제는 인류가 이러한 적극적 평화를 경험해 본 적이 없다는 사실이다.[1] 인류공동체의 많은 사람들이 평화를 원하고 있음에도 불구하고 세상은 평화롭지 않다. 과거부터 현재까지 전 세계가 평화를 원함에도 불구하고 세상이 평화로웠던 적은 없었다. 국내외의 상황을 보면 앞으로도 그럴 가능성은 희박해 보인다.

이 글은 "세상은 왜 평화롭지 못할까? 왜 평화로운 세상을 만들지 못할까? 어떻게 하면 평화로운 세상을 만들 수 있을까?"하는 아주 단순한 질문에서 시작되었다.

세상에는 다양한 문제들이 존재한다. 사람들마다 해결책이 다를 뿐더러 해결이 잘 되는 문제가 있는가 하면, 그렇지 않은 문제도 많은 것이 사실이다. 그런데 가만히 살펴보면, 사람들이 살아가면서 만나게 되는 이 문제들은 두 가지의 특징이 있다.

하나는 잘 규정되어 있어서 명확한 답이 도출되는 문제라는 것과 다른 하나는 잘 규정되지 않음으로 인해 명확한 답을 구하기가 어려운 문제라는 것이 그것이다. 잘 규정되지 않았다는 것은 뭔지 모르게 복잡하고, 럭비공처럼 어디로 튈지도 모르는 그런 문제인 셈이다.

그렇다면 잘 규정된 문제들은 어떤 것일까? 10+10=?, 과제를 언제까지 마무리할 것인가? 등이 해당할 것이다. 어디서 출발해야 하는지도 알고, 어디쯤 와 있는지도 알며, 결과에 도달하기 위해 어디까지 해야 하는지, 얼마나 남아있는지를 알 수 있는 문제들이다. 시작과 끝, 그리고 과정에서의 상황들이 잘 인식되는 문제들이 잘 규정된 문제들에 해당된다. 학교에서 만나는 문제들이 대부분 여기에 해당된다. 정성을 들이고 노력하면 결과치가 상승하는, 해결되는 문제들이기 때문이다.

반대로 잘 규정되지 않은 복잡한 문제들은 어떤 것일까? 잘 규정된 문제들을 뒤집어서 살펴보면 알 수 있는 문제들이다. 어디서 시작되었는지, 어디서 끝날 것인지, 어떻게 끝날 것인지, 어디쯤 와 있는지를 정확히 알 수 없는 문제들이다. 잘 규정된 문제와 비교해 명확한 답이 없기 때문에 사람들은 힘들어 한다. 아니 명확한 답이 없음에도 불구하고 답이 있을 것이라 생각하고 답을 찾고자 상당한 노력과 정성을 들인다. 결국 상심하게 된다.

우리가 만나게 되는 대부분의 문제들이 여기에 해당된다고 할 수 있다. 많은 노력을 했음에도 생각했던 만큼의 변화가 없다든지 하는 경험, 나름 상대를 생각해서 많은 것을 할애했음에도 불구하고 부정적인 결과를 맞이한 경험 등이 여기에 해당된다. 노력하고 시간을 많이 할애했음에도 불구하고 결과가 드러나지 않는 문제들, 물론 이런 문제들도 결국에는 노력들이 모여 결과를 만들어 낼 수 있지만 일반적으로 그 결과에 도달하기 전에 포기하고 상처 입는 것이 우리의 현실임은 부정할 수 없다.

이를 좀 더 확장해 보자. 분단국가라는 현실은 남북통일을 최우선적으로 해결해야 하는 문제라는 것에 인식을 같이 한다. 물론 통일을 반가워하지 않는 이도 있지만, 아무튼 남북통일은 어떻게 해야 하는지,

무엇을 해야 하는지, 어떤 결과로 나타날 것이며, 현재의 상황은 얼마만큼 진행되었는지 우리는 정확히 알 수 없다. 평화 또한 마찬가지다. 인류공동체가 평화를 원하고 있음에도 평화롭지 않은 이유이다. 평화는 살아있는 생물이기 때문이다.

2018년 4월에 개최된 남북정상회담과 6월 북미정상회담은 한반도에 평화의 훈풍을 가져다준 듯했다. 그러나 2019년 2월, 베트남에서 개최된 북미정상회담이 결렬되면서 또 다시 냉랭한 기운이 한반도 안팎으로 전개되었다. 그리고 2019년 6월 도널드 트럼프 미국 대통령의 판문점 방문으로 이뤄진 북미정상회담은 한반도 평화와 관련해서 또 한 번 훈훈한 분위기를 연출하였다. 그러나 지금은 상황이 다르게 전개되고 있다.

분단국가인 한국에서 평화와 통일은 동전의 양면처럼 항상 함께 한다. 그리고 몇 개의 단어와 문장으로 한정되어지는 것이 아니라 살아있는 생물처럼 분주히 움직이고 있다.

현대사회는 역사의 흐름 속에서 이어져왔던 갈등과 타협, 소통과 조정을 통하여 안정화된 구조이다.[2] 오랜 세월의 흐름 속에서 사회의 제도나 법, 관습과 가치 등이 만들어낸 타협과 조정의 결과물이다. 그러나 구성원들 모두가 이러한 결과들을 인정하지만은 않는다는 것에 실질적 문제들이 존재한다. 물론 인정하지 않는다고 크게 바뀌는 것은 없다. 사회제도를 거부할 수도 없을 뿐더러 와해시킬 수도 없다. 사회의 법규범과 제도의 관리 하에 적응하며 살아가고 있는 것이다.

이 글의 목적은 평화와 윤리라는 큰 틀에서 증산의 평화사상을 밝히는 데 있다. 증산의 평화사상을 직접적으로 논의한 글은 없다. 그래서 이 글에서는 증산의 평화사상을 논의함에 있어 크게 두 가지 측면을 중심으로 논의를 전개할 것이다.

첫째, 증산의 평화사상은 상생윤리를 통해 구현되는 것인 바, 상생윤리가 지향하는 바가 무엇인지를 조화(調化)사상에 대한 논의를 통해 밝힐 것이며, 둘째, 평화를 구현하기 위한 상생윤리의 직접적 실천에 대해 논의할 것이다.

평화는 현재의 삶 속에서 보편적 윤리의 실천을 통해 구현되는 것이므로, 상생윤리가 지향하는 바가 평화임을 밝히고자 하였으며, 다양한 폭력으로 빚어진 갈등과 상처를 치유하기 위해서는 이념과 사상에만 그칠 것이 아니라 직접적인 실천이 중요함을 강조하고자 하였다.

2. 왜 세상은 평화롭지 않은가

1) 평화에 대한 인식의 다양성과 평화문맹

사람들은 평화를 원한다. 그러나 세상은 평화롭지만은 않은 것 같다. 사람들은 평화를 원했었다. 그러나 평화롭지 않았다. 사람들은 평화를 원할 것이다. 그러나 이 또한 만만치 않다.

역사의 흐름을 근거로 유추해 보면 그렇다. 평화를 원함에도 불구하고 전 세계가 평화로웠던 적은 없다. 우리가 들었던 평화로웠던 세상은 신화나 동화 속에서나 나옴직한 이야기인 셈이다. 현실세계에서 두고두고 태평성대를 향유했다거나 누리고 있다는 이야기는 들어본 적이 없다. 그렇게 보면 평화라는 말은 항상 평화롭지 못했다는 반증이기도 하며, 평화는 어렵다는 또 다른 의미이기도 하다. 그러기에 인간은 지속적으로 평화를 갈구하고 있는지도 모른다.

그렇다면 왜 세상은 평화롭지 못하며, 평화는 어려운 것일까? 다르게 말해 왜 평화로운 세상을 만들지 못할까? 아마도 평화에 대한 정의 문제가 명확하지 않은 탓일 수도 있다. 또한 평화를 원하지만 평화를 실천하지 않은 탓일 수도 있다. 내가 이루는 평화보다는 남이 이루어주는 평화를 바라는 탓일 수도 있다. 그리고 자기중심의 평화만이 진정한 평화라고 강조하는 탓일 수도 있다.

세상에는 명확히 정의내릴 수 있는 것과 그렇지 않은 것이 존재한다. 전자는 '1+1=2'라는 식으로 누구나 명확히 정의내릴 수 있다. 그러나 메타포가 많이 들어가 있는 경우는 명확한 정의가 사실상 어렵다. 그 중 하나가 평화임에는 틀림이 없다. 이렇게 보면 평화는 무한할 정도로 다양한 개념들에 의해 지시되는 어떤 상태일 뿐이다.[3]

그래서 모두가 평화라는 말을 사용하고 있지만 평화라는 말의 범주는 제각각이며 각자가 주장하는 평화 또한 자기중심적이라는 한계점을 지니고 있음을 알 수 있게 된다. 평화학자 요한 갈퉁(Johan Galtung)의 평화 규정을 살펴보자.

$$평화(peace) = 공평(equity) \times 조화(harmony) / 상처(trauma) \times 갈등(conflict)[4]$$

갈퉁은 공평과 조화의 확장 여부에 따라 평화의 크기도 변화된다고 보고 있다. 인간적 삶의 긍정적 가치를 확장할수록 그리고 부정적 요소를 축소할수록 평화가 커진다는 뜻이다.[5] 다시 이를 살펴보면 평화는 상처와 갈등이 사라지고 이 자리를 공평과 조화가 차지할 때, 이루어지는 어떤 것이라는 것을 알 수 있다.

현실에서의 삶은 갈등과 상처의 연속이다. 사람들 사이에서 혹은 집단들 사이에서 잠시 동안의 '공평'과 '조화'를 경험할 수도 있지만, 지속적인 공평과 조화는 실상 불가능에 가깝다. 지금 이 순간에도 지구촌 어느 곳에서는 불평등과 부조화로 인한 갈등과 상처 속에서 고통의 시간을 보내고 있는 이들이 있다. 삶의 현장에서는 갈등과 상처가 사라진, 그래서 공평과 조화가 만연한 평화라는 것은 아직은 존재한 적은 없다.

물론 종교수행을 통해, 또는 외부의 상황과는 무관하게 내면의 평안을 향유하고 있을 수도 있으며, 서로 간의 배려와 존중을 통해 개인 간, 집단 간의 갈등이 점진적으로 줄어드는 양상을 보이기도 하지만 갈등과 상처가 발생하지 않은 적은 없었다. 그래서 인류가 더욱 갈망하는 어떤 것이 되는 셈이다.

평화는 불평등한 구조에 의해 발생한 갈등과 상처를 공평과 조화의 관계로 변모시켜 가는 과정이다. 그렇게 본다면 갈등과 상처를 발생시키는 구조적 한계를 규명하고 이를 개선시키기 위한 노력에 주안점을 둘 필요가 있다.

공평과 조화라는 긍정적 가치의 확장도 중요하지만 구조적 모순에 의한 폭력, 갈등, 상처 등 현실에서 발생하는 부정적 측면을 축소 내지 해소하는 일이 보다 현실적인 행동인 셈이다. 평화를 '평온하고 화목함' 내지 '전쟁, 분쟁 또는 일체의 갈등이 없는 평온함'이라는 일견 완전할 것 같은 정적인 상태의 국어사전식 의미가 아니라 보다 동적인 접근이 필요하다는 의미이다. 그래서 '평화는 폭력이 없는 정적 상태'라기보다는 '폭력을 줄이는 동적 과정'[6]으로 이해하는 것이 보다 현실적이며 설득력 있게 들린다. 인간의 삶이라는 것이 멈춰 있는 어떤 것이 아니라 항상 변화하고 있기 때문이다.

이와 관련하여 갈퉁은 "평화적 수단에 의한 평화"에서 동서양의 문명에서 갈등과 불화를 일으키는 원인을 '부조화(disharmony)'에서 찾았으며, 종교가 부조화를 극복하는 수행법을 제공함으로써 갈등해소를 꾀하고 있기 때문에 갈등해결을 종교의 본질이라고 하였다.[7]

종교인과 비종교인을 떠나 모든 인간은 결국 갈등과 부조화로 인해 상처주고 상처받는 삶의 연속을 경험한다. 폭력에 말미암은 상처를 치유하는 과정뿐만 아니라, 폭력이 발생하지 않는 시스템을 만들어가는 과정으로 드러나는 것이 평화인 것이다.

2) Peace와 peaces

인간은 어떤 사물을 파악할 때 자기 나름의 인식의 틀을 통해서 해석하기 때문에 인간의 지식은 늘 해석된 지식일 수밖에 없다.[8] 인식이 다르고 경험이 다르기 때문에 평화를 규정함에 있어 동일한 정의를 내리는 것은 불가능하다. 평화는 규정되는 만큼만 평화이기 때문에 "평화는 ~~~이다."에서 규정되는 만큼의 평화가 존재한다. 평화는 단수가 아닌 복수가 되는 것이다.

의사소통 없는 자기중심적 해석은 심지어 평화라는 이름의 폭력을 발생시킨다. '평화라는 이름의 폭력'이라는 말은 얼핏 형용모순이지만, 현실에서는 정당하게 사용되고 추구된다. 실제로 김정은의 평화와 트럼프의 평화가 다르고, 문재인의 평화와 아베의 평화가 다르다. 어떻든 평화마저 자기에게 유리하게 만들려는 속내들이 작동하고 있는 것이다. 이처럼 평화라는 낱말은 같아도 그 의도하고 지시하는 바가 다른 것이 현실이다. 나의 평화가 더 옳다는 주장이 너에게는 하나의 도전으로 다가온다.[9]

그렇게 본다면 평화는 하나가 아니다. 하나가 될 수 없다. 각각의 평화가, 정확히 말해서 각각의 평화들이 존재하는 것이다. 그리고 각각의 평화들이 하나의 '평화'에서 만나야 하는 것이다. 개별 평화들이 갈등과 상처보다는 공평과 조화를 통해 평화를 지향해야 한다는 것이다.

모든 이의 평화이해가 동일하다면 세계가 이 정도로 폭력적일 수는 없다. 평화를 보편적인 가치와 궁극의 목적으로 내세우는 종교들이, 조화보다는 서로가 서로에게 갈등의 원인이 되는 경우가 그 전형적인 증거다. 종교들의 갈등은 의도적으로 위장된 거짓평화를 내세우는 데서 벌어지는 일이라기보다는, 평화를 저마다의 맥락에서 자기중심적으로 상상하고 개념화하고, 나아가 다른 식으로 구체화하려는 데서 벌어지는 일이다.[10]

그래서 평화는 단수의 'Peace'가 아니라 복수개념인 'peaces'가 될 수밖에 없다. 자신이 추구하는 평화만을 평화로 인식함으로써 발생하는 '평화라는 이름의 폭력'을 줄여야 하는 이유가 여기에 있다. 그러기 위해서는 평화가 단수개념이 아니라 복수개념임을 인정해야 한다. 이를 통해 나만의 평화로 말미암은 타자의 상처를 줄여야 한다. 다양한 평화들 간에 공감대를 형성해 나가면서, 평화관념에 대한 다양성이 조화로 이어질 수 있도록 해야 한다.

평화에 대한 저마다의 인식이 다른 이유가 평화에 대한 경험치의 상이함에서 오는 것이기 때문에 평화의 다양성을 인정할 때, 평화에 대한 인식의 상이함에서 오는 갈등과 상처를 줄여나갈 수 있다.

평화라는 이름으로 평화들이 갈등하여서는 안 된다. 평화들은 평화라는 절대가치를 준거로 서로가 교류하고 조화하여야 한다. 그렇지 않고 평화들 간에 벽이 존재하는 순간, 평화는 또 다른 폭력과 상처를 잉태하는 어떤 것이 되어버린다. 세계는 하나의 거대한 인드라 망으로 구성된 유기적 생명 공동체[11]이기 때문이다. 그러므로 진정한 평화를 이룩하기 위해서는 다양한 평화들 사이에서 이루어지는 지속적인 소통을 통해 서로들 간의 접점을 찾아가며, 도출된 접점을 중심으로 또 다른 평화들을 만들어가야 한다. "평화는 사회적 의미를 가지고 있으며 관계 속에서 이해되는 것"[12]이기 때문이다. 이 평화들에 대한 조화를 통해 또 다른 평화들을 완성해 가는 것이다.

그런 의미에서 접근하면, 증산사상에서의 상생은 평화에 다름 아니다. peaces가 Peace를 지향하는 것처럼 각각의 상생들은 지향점으로서의 상생을 향한다. 인간이 품게 되는 원이라는 것이 욕망을 이루지 못해서 발생하게 되는 것인 바, 해원하는 과정에서 또 다른 원이 잉태될 수밖에 없다. 이를 방지하기 위해서 해원의 지향점이 상생이 되는 것이다.

그러나 해원이 상생을 지향한다고 해서 모든 것이 다 해결되는 것은 아니다. 하나의 관계가 상생하는 과정에서 관계 밖의 어디선가에서 또 다른 포원(抱冤)이 발생할 수 있기 때문이다. 그래서 상생은 그 과정에서 조화가 필수적으로 요청된다. 하나의 관계 속에서의 상생, 그리고 관계와 관계 속에서의 상생이 조화 속에서 이루어질 때 영속적인 평화가 가능하기 때문이다.

3. 평화사상으로서 상생윤리와 조화사상

1) 음양불균형의 한계와 공공윤리로서의 상생윤리

인류가 문명공동체를 지향하면서 전지구적 관점에서 사회소통 (social network)의 중요성이 대두되고 있다. 특히 철학과 종교분야에서 공공성의 가치가 증대되면서 세계보편윤리의 필요성이 강조되게 되었다. 공공성의 가치와 보편윤리는 함께하는 과정에서 형성되는 가치로서 실천윤리이다.

'공(公)'은 개인의 사적(私的)인 영역을 넘어선 사회집단, 씨족, 종족, 민족, 국가 등 공적 영역을 의미한다. 과거 군주시대에는 군왕이 공적 영역을 대표하기도 하였지만, 현대 사회의 공적 영역은 국가와 민족 단위에서 지구촌 전체와 세계 시민사회로 확대되고 있다. 반면에 '공(共)'은 개인과 개인뿐만 아니라 개인과 집단, 개인과 국가, 개인과 세계와의 관계성 속에서, 다양한 구성원들 상호 간에 어떻게 서로 공존하며, 소통할 것인가 하는 내용을 담고 있다.[13]

증산(甑山, 1871~1909)은 조선후기에 활동한 사상가로서, 양란(임진왜란 1592~1598, 병자호란 1636~1637) 이후의 격변기의 조선사회를 목도하면서 사회 전반에 드리워진 총체적 모순을 해결하기 위한 사회구조 전반에 대한 변혁의 필요성을 역설한다. 이를 통해 지속적인 정치적 분당과 쟁송과 누적된 사회적 모순과 갈등으로 인해 고통 속에서 살아가던 민중들에게 삶의 희망을 제시해 주고자 하였다. 증산의 평화사상은 현실인식에 기인하고 있는 것이다.

증산은 평화를 강조하였다. '쌓인 원을 풀고, 원에 의해 생긴 모든 불상사를 없애고 영원한 평화를 이룩하는 공사'(『전경』, 공사3-4)[14]를 행하였으며, 제자들에게 '항상 평화를 주장할 것'을 역설하였다. 그러나 이 말은 역설적이게도 당시의 사회가 평화롭지 못했다는 반증이기도 하다.

조선후기 민중들의 중심에서 그들의 삶을 목도하였던 증산이 격변기의 조선사회를 '진멸지경'[15]으로 진단한 것에서도 여실히 드러난다. 그리고 진멸지경에 놓이게 된 원인을 '상극'이라는 우주의 운행원리에서 찾고 있다.[16] 냉혹한 투쟁의 원리인 상극의 이치[17]는 대립과 갈등, 반목과 쟁투를 야기하였으며, 종국에는 원한의 발생이라는 결과를 만들어 냈다는 의미이다.

상극의 이치가 야기한 음양의 불평등·불균형 등이 역사의 현장에서 직접적으로 드러난 대표적인 것이 남녀의 구분과 신분의 차별이다. 구분과 차별을 바탕으로 만들어진 제도와 관습은 갈등상황을 야기하는 중요한 동인이 된다. 구분하고 차별하는 것은 갈등을 양산할 수밖에 없다는 것이다. 신분제와 부의 세습, 그리고 그 연장선상에 있는 교육기회의 불평등 등 제도와 관습에 기인한 차별과 억압은 계층 간의 대립으로 이어져 민란과 같은 사회적 갈등을 야기하기도 하였다.[18]

인간은 본질적으로 욕망하는 존재인데, 구분과 차별 속에서 욕망을 억누르고, 짓밟히는 삶을 지속하게 된다면 원망의 감정들이 증폭할 수밖에 없다. 결국 갈등이 발생하고 상처가 생길 수밖에 없는 것이다. 그래서 증산은 갈등이나 원한의 발생이 없는 조화로운 사회를 위한 방안으로 상생을 제시하였으며, 서로 존중하고 신뢰하는 보편적 가치와 윤리 규범의 필요성을 강조함으로써 상생 이념을 기조로 한 사회적 패러다임의 전환을 역설하였다.[19]

사회에서 발생하는 갈등상황 등이 좀 더 확장되면 국가 간의 갈등으로 이어져 전쟁과 폭력으로 이어지게 된다. 이처럼 상극의 이치 속에서 발생하는 다양한 원한을 목도한 증산은 "인간을 파멸에서 건지려면 해원공사를 행하여야 되느니라."(공사3-4)라고 하여 선천을 진멸지경으로 이끈 원인으로서의 '원'을 해소하기 위해 해원의 필요성을 강조하고 있다. 특히 신분의 구별이 가져다 준 폐단을 "양반을 찾아 반상의 구별을 가리는 것은 그 선령의 뼈를 깎는 것과 같고 망하는 기운이 따르나니라."(교법1-9)라는 교화를 통해 '반상의 구별'을 가리는 행위가 원망의 정감을 조성하며[20], 종국에는 반상의 구별로 인한 원한의 증폭으로 이어지게 된다는 것이다. 신분의 차별이 가지는 상극은 대립과 갈등으로 대표되는 것으로 인류역사는 상극으로 인해 많은 상처를 야기하였으며, 이로 인해 '원한'의 발생이라는 부정적인 결과를 초래하였다. 그래서 증산은 가득한 원한으로 인해 진멸지경에 이르게 된 선천의 한계를 직시하고 해원을 강조했던 것이다.

해원은 원한, 즉 척(慼)을 푸는 것으로서 인류의 역사에서 누적된 원한을 근원적으로 풀어내는 것을 의미한다. 평화에도 다양한 평화들이 존재하였듯이 해원에도 다양한 해원들이 존재한다. 그리고 해원과정에서 상호 간 내지 불특정 다수가 또 다른 원과 척을 맺을 수도 있다. 여기서 상생의 중요성이 강조된다.

상생은 '남을 잘 되게 하는 것'[21]인 바, 해원은 상생윤리를 통해 구현되어야 하는 것이다. 상생윤리가 새로운 사회의 공공윤리가 되는 것이다. 상생은 해원이 지향할 바를 명시하고 있기 때문이다.

2) 상생윤리의 지향점으로서 조화(調化)사상

일반적으로 평화는 자기가 처한 현실과 실제 경험을 중심으로 설명된다. 개인이든 국가든 공통적이다. 평화는 자기중심적인 어떤 것이다. 그럼에도 이들 평화에는 공통된 특징이 있다. 각기 주장하는 평화를 통해 더 평화로운 세상을 희망한다는 점이다. 모순이 발견되는 부분이다.

평화는 일방적 주장이 되어서는 안 된다. 평화는 서로에 대한 이해와 배려, 존중이 전제되어 나타나는 것이다. 그러므로 평화는 각자가 주장하는 평화들이 서로에 대한 이해와 존중 등을 통한 조화 속에서 완성되어지는 것이다. 다양한 모습을 띤 평화들의 조화 속에서 갈등과 상처는 아물어지거나 줄어들 수 있기 때문이다.

증산의 상생윤리에는 조화(調化)사상이 내재되어 있다. 조화는 조화(調和)와 조화(造化)를 합한 신조어로서, 기존의 종교적 유산과 시대적 상황이 만들어 낸 새로운 종교사상적 개념으로 음양이 조화(調和)를 이뤄 새로운 존재로 거듭난다(造化)는 의미로 쓰인다.[22] 새롭게 펼쳐지는 후천의 운행원리로서 선천의 모순과 갈등을 풀어냄에 있어

풀어내는 것의 지향점으로 존재하는 상생윤리에 조화사상이 내재되어 있다는 것은 조화가 후천의 모든 관계맺음을 규정하고 상징하는 용어로서 그 의미가 부각될 수 있음을 의미한다.

조화와 균형은 단순히 서로 다름이 어우러지는 것을 의미하는 것은 아니다. 서로 다른 개체와 개체가 만나 서로 화해하고 조화를 이루는 과정에서 기존의 개체와는 또 다른 새로운 개체가 형성되는 것을 의미한다.[23] 이처럼 증산이 조화를 강조하는 데에는 원한의 증폭이라는 것이 음양의 불균형에서 기인한다는 시대인식에 바탕을 둔다.

음양의 불균형은 '상극의 이치'라는 선천의 운행원리에 기반을 두고 있다. '상극의 이치는 냉혹한 투쟁의 원리'[24]였던 바, 선천은 '상극의 이치'에서 비롯된 대립과 갈등이 점철된 세상이었으며, 인간이 품었던 물질적 욕망에서 기인하는 많은 갈등 양상들이 드러나는 세상이었다. 음양의 불균형으로 인한 대립과 갈등은 음양의 균형을 이루는 것으로 해결되어야 한다. 음양의 조화가 이루어져야 한다는 의미이다. 서로 다른 존재가 새로운 장으로의 전환과 변화를 반복하는 과정 속에서 절실히 요구되는 것이 서로간의 조화인 것이다.[25]

증산은 조화해야 하는 이유를 "곡조가 있나니 곡조에 맞지 않으면"(공사2-3)이라는 가르침을 통해 '곡조'라는 예를 들어서 설명하기도 한다. 곡조가 조화(調和)를 이룰 때 듣기 좋고 아름다운 음조가 만들어지는 것인데(造化), 이때 곡조에 맞지 않으면, 즉 조화되지 않으면 듣기에 거북한 음조가 마음을 불편하게 한다는 것이다. '곡조에 맞지 않으면'이라는 표현을 통해 나와 타자의 조화가 필요한 이유를 명확히 드러내고 있다.

또한 "임금이 있으나 신하가 없으면 임금이 어찌 설 수 있으며, 부모가 있으나 자식이 없으면 부모가 어찌 설 수 있으며, 스승이 있으나 제자가 없으면 스승이 어찌 설 수 있겠는가"(공사3-40)라는 가르침을 통해 군신, 부자, 사제 간의 관계맺음은 일방적 작위만으로 존재할 수 있는 것은 아니며, 서로에 대한 절실한 요청과 도리를 다하는 관계 속에서 서로가 조화될 수 있음을 상징적으로 설명하고 있다. 서로에 대한 이해와 존중 속에서 자신이 처한 위치에서 각자의 책임과 도리를 다할 때, 조화의 관계가 형성되는 것이다.

서로 간의 조화는 경직된 구조와 대립으로부터 벗어날 수 있을 때 가능해진다. 그러기 위해서는 서로에 대한 공감어린 이해와 유연한 배려, 그리고 진정어린 존중의 장이 형성되어야 한다. 이러한 모든 것은 우선적으로 자기 자신에 대한 정립에서 비롯된다. 자신에 대한 성찰과 정립이 타인과의 조화를 통한 완성으로 나아가기 때문이다.

증산이 조화를 강조하는 이유가 선천의 갈등과 대립 그리고 이들이 빚어낸 상처들이 기본적으로 음양의 불균형에서 기인한다는 데 있다면, 음양의 불균형이 만들어낸 한계에 대한 대안으로서 제시된 조화는 계층 간의 불균형에서부터 나와 타자의 갈등에 이르기까지 끊임없는 오해와 편견의 충돌로부터 벗어나 인간 본래의 모습을 회복할 것을 요청한다.[26] 자신에 대한 성찰과 상대에 대한 배려와 존중은 상호간 조화를 통한 완성을 지향하기 때문이다.

조화는 자신에 대한 성찰과 상대에 대한 배려와 존중을 통해 서로의 관계가 완성되는 실천적인 변화인 바, 타인에 의한 일방적 관계맺음이라든지, 자신에 의한 일방적 관계맺음에서의 탈피를 통해 능동적인 관계맺음을 만들어 가게 되는 것이다. 상생윤리에 조화사상이 내재되어 있는 이유이다. 상생은 종교적 맥락으로서 뿐만 아니라 시대의 화두로서 정치·경제·문화 등 다양한 분야에서 논의의 중심에 있다. 분야별로 약간의 차이는 있겠지만 보편적 의미를 공유할 정도로 새로운 시대의 가치관으로서 자리매김한 것이 상생이다.

"남을 잘 되게 하라"로 대변되는 상생은 남을 잘 되게 하는 것이 종국에는 내가 잘 되는 것이 라는 원리가 내재되어 있다.[27] '나' 만을 생각하고 내가 모두인 세상에서 '너' 를 생각하고 '우리' 를 눈에 들어오게 할 수 있는 것이 상생이다. 상대의 가치에 대해 이해하고 인정할 때, 자신의 가치에 대한 이해와 인정은 자연스럽게 연결되는 것이며, 서로가 도리를 다하는 것에서 서로 공감하고 존중할 수 있기 때문이다. 그런 의미에서 인류가 지향하는 영속적 평화는 상생의 실천이 지속될 때 가능한 것이며, 이를 통해 '이해' 와 '배려', '평등' 과 '존중' 의 가치는 실현될 수 있는 것이다.[28]

4. 상생윤리의 직접적 실천

모든 인류는 평화를 희망한다. 그럼에도 평화라는 것이 지속된 적은 없다. 평화는 각자가 가진 평화들에 대한 이해와 존중을 통해 만들어져가는 현재진행형임에도 불구하고 평화를 자신의 관점에서 해석하고 적용했기 때문이다. 평화는 관념적으로만 해석되어지는 어떤 것은 아니다. 평화는 서로 공감하고 소통하며, 배려하고 존중하는 것을 통해 만들어져 가는 과정이다. 그래서 평화는 지속적인 실천이 요구된다.

평화를 정의내릴 때 일반적으로 많이 등장하는 표현이 '폭력이 없는 상태'이다. 폭력은 크게 세 가지 범주로 나눌 수 있다. 첫째가 직접적 폭력이고, 둘째가 간접적 폭력이며, 셋째가 문화적 폭력이다.

직접적 폭력이란 폭력의 결과를 의도한 행위자 또는 가해자가 존재하는 폭력이며,[29] 간접적 폭력은 사회구조 자체에서 일어나는 것으로 구조적 폭력이라고도 하며,[30] 문화적 폭력은 종교와 사상, 언어와 예술, 과학과 법, 대중 매체와 교육의 내부에 존재하며, 직접적 폭력과 구조적 폭력을 '정당화'하는 중요한 기능을 수행한다.[31] 이 말은 평화보다는 폭력에 대해 보고, 듣고, 경험했던 직접적인 경험치가 더 많다는 것을 반증한다. 그래서 '폭력이 없는 상태'라는 정의는 '평화는 정의가 구현된 상태'라는 설명보다 더 쉽게 다가온다.

다시 돌아와, 상생은 우리가 더 많이 경험하는 것이 상극임을 반증한다. 상극 상황에 대한 경험치가 더 많다는 의미이다.

증산이 상생을 주창한 것도 상극의 이치에 지배된 대립과 갈등을 더 생생하게 경험했다는 의미이다. 그래서 증산은 상극으로 점철된 선천의 현실을 극복하기 위해 직접적인 상생윤리의 실천을 강조한다.

증산은 마음을 속이지 말 것을 요청하였다.

증산은 "천지의 중앙은 마음이다. 그러므로 동서남북의 몸은 마음에 의지한다"[32]라고 하여, 마음은 일신의 주인이며 사람의 모든 언행은 마음의 표현이 되는 바,[33] '천지의 중앙'과 '동서남북'을 마음과 몸으로 비유하여 마음이 몸을 통해 확장되어 발현됨을 묘사하고 있다. 그래서 "말은 마음의 외침이고 행실은 마음의 자취"(교법1-11)가 되는 것인 바, 마음과 마음가짐의 중요성을 강조하고 있다.

마음을 속이는 이유는 사물에 대한 집착과 사사로움 때문이다. 집착과 사사로움은 도리에 어긋나는 행동으로 이어져서 갈등과 상처를 양산한다. 그렇기 때문에 사심을 버리고 천성 그대의 양심을 되찾도록 노력한다. 마음을 속이는 것은 나 자신에게만 한정된 문제가 아니기 때문이다. 마음을 속이는 것은 스스로를 포기하는 것인 만큼, 진실됨과 정직함으로써 사사로움과 집착을 근절해야 하는 것이다.

마음을 속이지 않는다는 것은 양심을 지켜 사회정의를 실천하는 것과 연결된다. 어느 사회든지 개인과 집단의 이익을 위해 사회정의를 묵살하는 현상을 자주 목격할 수 있다. 인간은 자신의 이기심과 욕망의 추구에 관심을 갖는 존재[31]이기 때문에 이익을 추구하는 과정에서 양심을 버리고 사심에 의지해 사회정의를 왜곡시킬 가능성이 짙다. 뿐만 아니라 유무형의 압력에 의해 양심을 저버리는 행위들이 실제 많이 발생한다.

그리고 이렇게 만들어진 결과를 정당화하기 위해 또 다른 '속임' 이라는 악순환이 계속된다. 조선 후기도 예외는 아니었다. 오히려 그러한 현상들이 심각하게 드러나는 시기였다. 이렇게 본다면, 마음은 선한 본성으로부터 언제든지 벗어날 수 있는 불안정하고 위태로운 상태에 놓여 있는 바, 작은 것에서부터 이루어지는 정직의 실천을 통해 양심을 회복해야 하는 것이다.

두 번째가 언덕을 잘 가지라는 것이다.

증산은 "말은 마음의 외침이고, 행실은 마음의 자취로다. 남을 잘 말하면 덕이 되어 잘 되고, 그 남은 덕이 밀려서 점점 큰 복이 되어 내 몸에 이르나 남을 헐뜯는 말은 그에게 해가 되고 남은 해가 밀려서 점점 큰 화가 되어 내 몸에 이르나니라"(교법1-11)라고 하여 언덕을 잘 가져야 되는 당위를 설명하고 있다. 언어란 기본적으로 서로 다른 자아 간에 소통을 이루려는 매개이다.[35] 언어로 가득 차 있는 것이 사람들의 일상인 바, 그래서 언어를 통한 소통의 중요성은 강조될 수밖에 없다. 상대를 이해하고, 배려하며, 존중하고자 하는 마음이 전제되어야만이 진정한 소통의 장이 형성될 수 있기 때문이다.

소통은 타인과의 지속적인 교류와 대화를 통해 이루어진다. 교류와 대화를 지속하기 위해서는 서로 간의 신뢰와 존중을 바탕으로 진정어린 대화가 이루어져야 한다. 배움의 유무와 빈부의 차이는 하등의 문제가 되지 않는다. 자신보다 뛰어난 사람과의 대화는 물론이고 심지어는 부족한 사람과의 대화를 통해서도 상호 간의 배움은 가능하기 때문이다.[36]

대화는 인간이 가장 자연스럽게 하는 소통행위이다. 대화에 사용되는 언어, 즉 말이라는 것은 누구나 공유하는 '일정한 기호'[37]이기 때문에 인간관계를 형성하는 가장 기본적인 도구가 된다.

파니카(R.Panikkar)는 대화만이 공존, 민주사회, 정의와 평화를 만든다고 보았다.[38] 때로는 상대방을 위로하고, 때로는 상대방을 분노케 하는 것이 말이므로 상대에 대한 배려와 존중어린 언어의 사용을 통해 소통의 장을 밝혀 나가야 하는 것이다.

"악장제거무비초 호취간래총시화(惡將除去無非草 好取看來總是花)"(교법1-11)라는 증산의 가름침은 시사하는 바가 크다. 나쁘다 하여 제거하려 들면 풀이 아닌 것이 없고, 좋다 하여 취하려 들면 꽃이 아닌 것이 없다는 이 말은 일상에서 소통하기 위한 마음자세와 연결된다. 다양한 경험과 선입견 속에서 상대를 미리 경계하게 되는 경우가 다반사이다.

소통이 근본적으로 불가능한 질적인 경계라는 것은 세계에 존재하지 않음에도 불구하고,[39] 배려 없음과 선입견은 소통을 어렵게 만든다. 배려 없음과 선입견의 대부분은 나쁘다 하여 제거하려 드는 그런 것들이다. 그러므로 좋다하여 취하려 드는 꽃처럼 상대에 대한 이해와 존중을 바탕으로 상대의 아픔을 보듬고 상대의 마음을 헤아리는 따뜻한 말로써 대화에 임한다면 서로 간의 진정어린 소통의 장은 만들어질 수밖에 없다. 이것이 언덕을 잘 가져야 하는 이유가 되는 것이다.

세 번째가 척을 짓지 말라는 것이다.

증산은 "속담에 '무척 잘 산다' 이르나니 이는 척이 없어야 잘 된다는 말이라. 남에게 억울한 원한을 짓지 말라. 이것이 척이 되어 보복하나니라. 또 남을 미워하지 말라. 사람은 몰라도 신명은 먼저 알고 척이 되어 갚나니라."(교법2-44)라는 가르침을 통해 상대의 호의를 거스르는 것이나 남을 미워하는 것들이 척이 되어 자신에게 미치는 것이므로, 항상 상대를 존중하는 진심어린 마음으로 척을 짓지 않도록 할 것을 당부하고 있다.

척은 부지불식간에 행한 일의 결과로 드러날 수도 있다. 앞서 논의했던 바, 무심결에 뱉은 말을 통해서도 나타날 수 있는 것이다. 그래서 증산은 항상 존중할 것을 강조하였다.

상제께서 비천한 사람에게도 반드시 존댓말을 쓰셨도다. 김형렬은 자기 머슴 지남식을 대하실 때마다 존댓말을 쓰시는 상제를 대하기에 매우 민망스러워 「이 사람은 저의 머슴이오니 말씀을 낮추시옵소서」하고 청하니라. 이에 상제께서 「그 사람은 그대의 머슴이지 나와 무슨 관계가 있느뇨. 이 시골에서는 어려서부터 습관이 되어 말을 고치기 어려울 것이로되 다른 고을에 가서는 어떤 사람을 대하더라도 다 존경하라. 이후로는 적서의 명분과 반상의 구별이 없느니라」일러주셨도다.(교법1-10)

머슴에게도 존대하라는 증산의 가르침은 반상의 구분이 철저했던 '사대부의 나라' 조선에서는 받아들이기 어려운 일이었음에는 분명하다. 그럼에도 불구하고 증산이 이러한 가르침을 펼친 데에는 사람을 계급으로 구분하는 것에서 발생하는 원한에 대한 심각한 우려가 전제되어 있는 것이다.[40]

척은 나의 견해와 사상만이 옳은 것이며 상대의 주장은 그릇된 것이라 하여 무시하는 데서 발생한다. 이러한 행위들이 원한을 품게 하고 척을 맺게 하는 것이다. 척은 푸는 과정에서 또 다른 척을 맺게 할 개연성이 아주 크다. 그래서 한 번 맺힌 척을 완전히 소멸하는 것이 어렵다는 것이다. 척은 또 다른 척으로 전이되며, 이러한 악순환은 척의 증폭으로 이어지게 되기 때문이다. 척을 맺고 푸는 모든 것은 개인의 각자 몫인 바,[41] 척을 짓지 않는, 다시 말해 상대로부터 원한 살 일을 하지 않도록 항상 존중과 진정어린 자세로 일상에 임해야 할 것이다.

네 번째로 은혜를 저버리지 말 것을 강조한다.

증산은 "복은 위로부터 내려오는 것이오. 아래로부터 올라오는 것이 아니니 사람의 도의로써 부모를 잘 공양하라"(교법1-41)라는 언설을 통해 보은(報恩)의 가르침을 제시하고 있다. 은혜라는 것이 나에게 베풀어준 감사한 혜택이기 때문에 은의를 잊지 않고 보은해야 하는 것이며, 배은망덕해서는 안 된다는 것이다. 보은의 가르침이라는 것이 비단 위로의 보은만을 의미하는 것은 아니다. 증산은 "봉친 육영을 독실히 하라"(행록4-44)라고 하여 부모를 향한 전통적 효관념뿐만 아니라 나를 있게 한 자식에 대한 육영을 통해 또 다른 보은의 가르침을 제시한다.

부모를 향한 효관념은 익히 잘 알려져 있지만, 자식에 대한 보은의 관념은 낯설게만 느껴진다. 그러나 "부모가 되고자 하나 자식이 없으면 어찌 설 수 있겠는가"(공사3-40)라는 가르침을 통해 나를 있게 한 근본에 자식의 존재까지 포함시키고 있다. 효가 근본에 대한 사랑과 존경이라면 아비가 존재할 수 있게 한 자식이라는 또 다른 근본으로 효의 관념이 확장되고 있는 것이다. 부모는 부모의 도리를 다하고 자식은 자식의 도리를 다하는 것을 통해 보은의 지향점을 제시함으로써, 개별적 독립성이 우선하기보다는 상호간에 상생적 존립관계가 형성되어야 함을 역설하고 있는 것이다.

마지막으로 강조한 것은 남을 잘 되게 하라는 것이다.

증산은 "우리 일은 남을 잘 되게 하는 공부이니라. 남이 살 되고 남은 것만 차지하여도 되나니"(교법1-2)라는 언설을 통해 남을 잘 되게 하려는 마음가짐이 바로 상생 법리의 실천임을 강조하고 있다. 남을 잘 되게 한다는 것은 구제창생의 근본이념이자 상생윤리의 기본원리이다. 타인과 함께 함에 있어 마음을 모으고 힘을 합치며, 일을 함에 있어 수고를 아끼지 않는 것이 남을 잘 되게 하는 것이다.

남을 잘 되게 하고자 하는 마음은 예상 밖의 상황에서 시너지를 발생시켜 보다 효과적으로 문제를 해결할 수 있게 한다. 문제를 해결함에 있어 무조건적인 원칙론으로 접근하기보다는 남을 잘 되게 하고자하는 마음으로의 접근을 통해 나와 너라는 경계가 '우리' 라는 범주로 확장된다. 경계로 나누어지던 관계가 '우리' 라는 범주 안에서 하나의 덩어리로 합쳐지는 것이다.

남이 아니라 우리라는 인식의 전환을 가능하게 함으로써 관계 속에서 살아가는 인간으로 하여금 '남을 잘 되게 하는 것이 바로 내가 잘되는 것' 이라는 황금률을 강조하고 있는 것이다.

이상에서 살펴 본, 상생윤리의 직접적인 실천과 관련한 증산의 가르침은 해원과 보은의 사상이 내재되어 있다. 마음을 속이지 않음으로써 상호 간에 신뢰가 형성될 것이며, 언덕을 잘 가짐으로써 서로 존중하고 배려할 것이며, 척을 짓지 않음으로써 시비와 원한이 끊어질 것이며, 은혜를 저버리지 않음으로써 배은망덕이 사라지고 서로 존경할 것이며, 남을 잘 되게 함으로써 공동체의 삶을 화기(和氣)로 가득 채울 것이니 증산이 강조한 상생윤리의 직접적 실천이 바로 평화사상이 되는 것이다.

5. 나가는 말

종교적 문제이든, 민족적 문제이든 극단적인 문제가 발생하는 이유는 배타적 극단주의(extremism)에 있다고 해도 과언이 아니다. 배타적 극단주의는 자민족, 자문화, 자종교만이 유일한 것이며, 중심이라고 보고, 여타의 것들은 인정하지 않는다.

세상에 평화가 실현되지 않는 이유는 자기중심적 평화를 지향함으로 해서 많은 자기중심적 평화가 부딪히고 갈등하는 데에 있다. 그렇다면 세상의 평화는 요원하기만 한 것인가. 꼭 그렇지만은 않다. 다양한 평화들은 평화를 지향하고 있는 바, 어떤 마음으로 평화들을 전개하느냐에 따라 양상은 달라진다. 평화는 생물이기 때문이다.

앞서 살펴보았던 남북정상회담과 북미정상회담, 그리고 국제사회에서 발생하는 다양한 갈등 상황과 미중 무역전쟁 등은 자기중심적 평화를 지향함으로 인해 발생되었던, 그리고 앞으로 발생될 갈등들이다. 국제사회는 서로 상충하는 이해관계로 인한 갈등이 많이 발생한다. 물론 한국사회 또한 예외는 아니다. 그렇기 때문에 갈등 관리는 시급한 문제이며, 사회적 통합을 이루기 위한 대화와 소통이 절실한 시점이다. 대화와 소통할 수 있을 때, 무너졌던 신뢰의 회복이 가능하며, 평화들에 의한 평화가 지속될 수 있기 때문이다.

이찬수는 평화는 작은 폭력으로 큰 폭력을 줄이는 과정이라 재규정하며, 이러한 폭력의 축소 과정을 '감폭력(減暴力, minus-violence)'이라고 규정한다.[42] 감폭력은 폭력을 감소시켜 나가는 것이기 때문에 이전보다 폭력이 감소된 보다 나은 세상을 그릴 수 있다는 점에서 보다 현실에 적합한 정의라 할 수 있다. 비폭력이 '폭력을 사용하지 아니함'이라는 의미를 지닌다면, 감폭력은 폭력을 줄여가는 과정이기 때문이다.

증산의 평화사상은 이와 관련하여 시사점을 던진다. 증산의 평화사상은 상생윤리의 또 다른 표현이었던 바, "상생은 상극의 역사 속에서 수직적 관계에 놓여있던 인간관계를 수평적 관계로 재정립함으로써 해원의 가치를 실현하고 있으며, '수평'이라는 대대적 관계에서 상호교호작용을 하기 위해서는 자기 도리의 실천을 통해 상대의 가치를 인정하는 자세를 요구하고 있다."[43] 이렇게 본다면 남을 잘 되게 하고자 하는 상생윤리는 감폭력의 평화정의에도 부합되는 윤리이다.

평화라는 것이 폭력을 줄여나가는 과정이라면, 이것은 남을 잘 되게 하는 것과 연결되기 때문이다. 그리고 여기서 조화(調化)사상을 다시 되뇌어보자. '곡조에 맞지 않으면'이란 증산의 가르침을 통해 살펴보았던 조화사상은 구성원들 간의 균형과 존중이 내재되어 있는 표현이었다. 선천을 가득 채웠던 음양의 불균형과 불평등으로부터 벗어나 음양관계가 서로 조화를 이루어야 한다는 상징적 표현이었다.

상생윤리에 내재되어 있는 조화사상은 음양불균형과 음양불평등이란 표현 속에 잠재되어 있는 갈라파고스신드롬을 극복할 수 있는 이정표를 제시할 수 있다. 자기중심적 사고인 갈라파고스신드롬은 자기중심적 평화만을 주장하는 이들이 제 각각의 평화를 향해 나아가고자 하는 것을 극복할 수 있는 중요한 대안이 될 수도 있는 것이다.

현대사회는 지구촌이라는 표현 속에서도 볼 수 있듯이, 하나의 사건이 다양한 모습으로 변화되어 다양하게 전이되어질 수밖에 없는 환경이다. 우리는 코로나19라는 바이러스를 통한 팬데믹 현상을 겪으면서 새삼 지구촌이라는 말을 실감하고 있다. 부정적이면서도 위험한 것들이 순식간에 지구촌 전체를 휘감고 있는 것이다. 이 말은 달리 말하면

반대의 것들로 세상을 채울 수 있다는 의미이다. 평화에 대한 획일적 해석으로 인해 어찌 보면 평화문맹에 가까웠던 것으로부터 벗어나 다양한 평화들이 평화를 향해 나아갈 수 있음을 인정함으로써 peaces1, peaces2 등 각각의 평화들이 조화(調和)하고 변화(造化)하여 지구촌에 새로운 평화를 구축(調化)할 수 있다는 것이다.

증산의 평화사상은 후천선경을 지향한다. 선경 혹은 후천선경은 증산의 평화사상을 대표하는 개념이다. 증산에 의하면, 후천선경은 "천하가 한 집안이 되어 위무와 형벌을 쓰지 않고도 조화로써 창생을 법리에 맞게 다스려지며, 벼슬하는 자는 화권이 열려 분에 넘치는 법이 없고 백성은 원울과 탐음의 모든 번뇌가 없을 것이며, 빈부의 차별이 없는 세상"(예시81 참조)이다. '천하가 한 집안'이라는 표현 속에는 증산이 지향하는 평화라는 것이 한민족만의 평화와 안녕만을 추구하는 것이 아니라 평등을 바탕으로 경제적 안정과 사회정의가 실현된 전 인류의 평화를 지향하는 평화사상이며 보편적 윤리로서 공공성을 지닌다는 특징이 있다.

후천선경은 선천의 한계상황을 극복했다는 점에서 미래지향적인 세계관으로 인류가 바라는 이상적인 환경이 구현되는 세계이다. 대동사상을 비롯한 이상적 세계 구현에 대한 종교적 열망이 현대적 의미로 해석가능한 공공성의 보편적 가치로 자리 잡을 때에 평화공동체는 보다 더 현실적으로 가능하게 될 것이다. 그런 의미에서 상생윤리는 인류사회에서 영원한 평화를 약속하는 보편적 가치로서 증산의 평화사상을 잘 보여주고 있다.

주(註)

1) 이찬수, 「평화다원주의와 한반도 감폭력의 정치」, 2020, 4쪽.

2) 윤재근·김영주, 「갈등치유와 대순진리회의 종교교육」, 2018, 23쪽.

3) 이찬수, 『평화와 평화들』, 2016, 43쪽.

4) Johan Galtung, A Theory of Peace: *Building Direct Structural Cultural Peace*, *Transcend University Press*, 2012.; 이찬수, 「평화적 복지와 종교적 심층」, 2020, p.162 재인용)

5) 이찬수, 위의 글, 같은 곳.

6) 이찬수, 위의 글, 164쪽.

7) 요한 갈퉁, 『평화적 수단에 의한 평화』, 이재봉 외 역, 2000, 187-196쪽 참조.

8) 이찬수, 『평화와 평화들』, 54쪽.

9) 이찬수, 「평화적 복지와 종교적 심층」, 169쪽.

10) 이찬수, 『평화와 평화들』, 17쪽.

11) 이명권, 「종교와 평화 그리고 통일」, 2019, 44쪽.

12) 정주진, 『세상의 평화 나의 평화』, 2012, 31쪽.

13) 박광수, 「한국 사회의 평화구축과 종교역할」, 2018, 9쪽.

14) 이 글에서의 논의는 대순진리회의 『전경』(대순진리회교무부, 서울:대순진리회출판부, 1974)을 기반으로 한다. 또한 이하의 『전경』의 인용은 '편,장,절'의 일부만을 간략하게 표기한다. 예를 들면, "「교법」1장1절'의 경우, '교법1-1'의 형식으로 그 전거를 밝힌다.

15) "이제 천하 창생이 진멸할 지경에 닥쳤음에도 조금도 깨닫지 못하고 오직 재리에만 눈이 어두우니 어찌 애석하지 않으리오."(교법1-1)

16) "선천에서는 인간 사물이 모두 상극에 지배되어 세상이 원한이 쌓이고 맺혀 삼계를 채웠으니 천지가 상도(常道)를 잃어 갖가지의 재화가 일어나고 세상은 참혹하게 되었도다. 그러므로 내가 천지의 도수를 정리하고 신명을 조화하여 만고의 원한을 풀고 상생(相生)의 도로 후천의 선경을 세워서 세계의 민생을 건지려 하노라. 무릇 크고 작은 일을 가리지 않고 신도로부터 원을 풀어야 하느니라. 먼저 도수를 굳건히 하여 조화하면 그것이 기틀이 되어 인사가 저절로 이룩될 것이니라. 이것이 곧 삼계공사(三界公事)이니라."(공사1-3)

17) 홍범초, 『증산교개설』, 1982, 76쪽.

18) 윤재근·김영주, 「우리시대 양극화 현상 극복을 위한 대순진리회 종교교육의 역할과

전망」, 5쪽.

19) 위의 글, 8쪽.

20) 윤재근 · 김영주, 「갈등치유와 대순진리회의 종교교육」, 2018, 29쪽.

21) "우리의 일은 남을 잘 되게 하는 공부이니라. 남이 잘 되고 남은 것만 차지하여도 되나니..." (교법1-2)

22) 김영주, 「증산 강일순의 신선사상」, 2010, 101쪽.

23) 이석주 · 김영주, 「『전경』의 악(樂)적 요소를 통해 본 증산의 조화사상」, 2018, 140쪽.

24) 홍범초, 앞의 책, 76쪽.

25) 이석주 · 김영주, 앞의 글, 139쪽.

26) 위의 글, 142쪽.

27) "우리의 일은 남을 잘 되게 하는 공부이니라. 남이 잘 되고 남은 것만 차지하여도 되나니...(교법1-2)

28) 이석주 · 김영주, 앞의 글, 146쪽.

29) 김명희, 「종교 · 폭력 · 평화—요한 갈퉁의 평화이론을 중심으로」, 2009, 126쪽.

30) 위의 글, 같은 곳.

31) 위의 글, 126-127쪽.

32) "天地之中央心也 故東西南北身依於心" (교운1-66)

33) 대순종학교재연구회, 『대순사상의 이해』, 1998, 228쪽.

34) 윤원근, 『동감의 사회학』, 2002, 421쪽.

35) 정진홍, 『경험과 기억』, 2003, 241쪽.

36) 이윤미, 「현대신유가를 통해 바라본 현대 유교」, 2014, 64쪽.

37) 정진홍, 앞의 책, 241쪽.

38) R.Panikkar. 1983. Myth. Faith and Hermeneutics, bangalore: Asian Trading Corporation, p.232: 박광수, 「한국 사회의 평화 구축과 종교 역할」, 『한국종교』, 9쪽 재인용.

39) 박원재, 「장자, 죽음은 삶과 평등하다」, 정동호 외, 『철학, 죽음을 말하다』, 2005, 293-294쪽.

40) "지금은 해원시대니라. 양반을 찾아 반상의 구별을 가리는 것은 그 선령의 뼈를 깎는 것과 같고 망하는 기운이 따르나니라. 그러므로 양반의 인습을 속히 버리고 천인을 우대하여야 척이 풀려 빨리 좋은 시대가 오리라." (교법1-9)

41) "천지 종용지사(天地從容之事)도 자아유지(自我由之)하고 천지 분란지사(天地紛亂之事)도 자아유지하나니" (교법3-29)

42) 이찬수, 「평화다원주의와 한반도 감폭력의 정치」, 2020, 9쪽.

43) 김영주, 「대순진리회에 있어서의 치유와 화합」, 2018, 332쪽.

종교와 평화를
말하다

4장 | 대순진리회의 평화사상

나권수

1. 들어가는 말

대순진리회는 1969년 우당(牛堂) 박한경(朴漢慶, 1917~1996)에 의해 창설된 50여 년간의 발전사를 가진 종단이다. 하지만 사상사적 연원은 증산(甑山) 강일순(姜一淳, 1871~1909)과 정산(鼎山) 조철제(趙哲濟, 1895~1958)로 소급되며, 이들의 주요사상은 조선조 후기와 일제강점기라는 질곡의 역사 속에서 발아되었다.

19세기 후반 조선은 총체적 대혼란의 시기였다. 정치적으로는 외척 중심의 세도정치가 횡행했으며, 이 과정에서의 권력투쟁과 파당정치는 정치기강 자체를 문란하게 만드는 계기로 작용하였다. 정치체제의 붕괴는 곧바로 경제체제의 붕괴로 이어졌으며, 매관매직의 성행과정에서 나타난 삼정의 문란은 농민경제의 몰락을 가져왔다.

이러한 내부적인 모순에 더하여 준비되지 않은 상태에서 강제된 개항은 조선사회를 더욱 혼란으로 몰아갔다. 병인양요, 신미양요, 임오군란, 갑신정변과 각종 농민항쟁 등은 이러한 내외부의 모순이 극단적으로 표출된 사건들이었다.

외세에 의해 강제된 개항과 일련의 사건들은 민족의 주체의식을 각성하는 계기로 작용하였다. 그 일면이 신종교운동이다. 동학을 비롯한 신종교운동은 당시의 민중들이 겪고 있는 가치적 몰락의 공백 현상을 타개하고 새로운 세상의 도래를 기약하는 종교 운동으로 촉발되었다.[1] 이들은 질곡과 고통에 빠져 좌절하고 있던 민중에게 사회적 모순이 일소된 이상사회의 도래를 약속하면서 미래 대망의 현실적 구현이라는 기대감을 충족시켜 주었다. 하지만 민중의 호응과 급격한 교세 확장에 위기의식을 느낀 집권세력에 의해 동학은 사교로 규정되면서 좌절되었다.

증산은 동학농민혁명의 실패 이후 극심한 혼란에 빠져 절망하고 있던 민중의 요청에 부응하며 등장하였다.[2] 그는 민족의 수난기에 직면하여 당시의 민중들에게 강한 민족의식을 심어주고 새로운 세상의 모습을 제시하여 민심을 크게 고양시켰다. 그의 주장은 크게 두 가지로 집약할 수 있다. 하나는 낡은 질서의 청산과 새로운 세상의 도래를 기약하는 '후천개벽사상'이고, 다른 하나는 인류 구제와 평화의 근본원리로서 '해원상생사상'이다. 여기에서 '개벽'은 "적극적 평화에 대한 종교적인 표현"과 다름 아니며,[3] '해원상생'의 근본원리는 평화이다.[4]

한국신종교는 그 수효를 헤아릴 수 없을 정도로 다양하다. 한국신종교의 다양성에도 불구하고 이들이 개벽사상을 공유하고 있는 것은, 동일한 역사적 체험과 문화적 유산을 바탕으로 발생하였으며, 현실 사회질서에 대한 민중의 태도와 종교에 대한 그들의 욕구가 동일하였기 때문으로 볼 수 있다. 따라서 개벽사상은 신종교가 갖는 심정적 맥박이며 사상적 문법이라고 할 수 있다.

윤이흠은 이 맥박과 문법이 민중운동으로, 혹은 항일운동으로, 때로는 근대교육과 사회개혁운동으로 나타났으며, 경제성장과 민주주의 정착, 그리고 민족통일 의지로 이어지게 되었다고 그 가치를 평가하고 있다.[5] 즉, 개벽사상은 한 시대의 한국인의 마음을 움직이고 그 사회에 중심이념으로 기능하였으며, 사회의 본질적 변혁을 추구하는 개혁 의지와 이상 사회에 대한 집단적 꿈이 깃들어 이루어진 것이다.

주지할 점은 개벽사상은 새시대의 기대와 희망을 통해 조선사회의 근대화와 역사적 궤적을 같이했다고 하여, 단지 역사적 산물로서 이해해서는 안 된다는 것이다.[6] 요컨대 조선조 후기와 일제강점기에 국한된 과거의 유산이 아닌 현대 사회에서 요구되는 평화사상과 부합되는 현재적 가치가 충분하다.

개벽은 '후천'으로 명명된 종교적 이상세계를 지향한다. 후천은 그동안 왜곡된 인간상뿐만 아니라 시공간의 모든 사물과, 그것의 존재원리가 바로 잡히는 원시반본(原始返本)의 시대이다. 이것은 인간세계가 유지되기 위해서 과거나 지금이나 동일하게 요구되는 질서와 체계가 시대의 추이에 따라 변형되고 파생되었던 인류의 문제를 근원의 세계로 되돌림으로써 해결하자는 것으로 해석할 수 있다.

또한 증산이 주창한 해원상생은 오늘날 각계각층에서 부르짖는 보통명사가 되었으며, 정치·경제, 사회·문화할 것 없이 다양하게 논의되고 있다.[7] 그 의미는 분야별로 다르게 적용될 수 있지만, 그만큼 보편적 의미를 탐구하고 공유할 정도로 이미 사회적 화두가 되었음을 시사한다. 상생은 서로 다른 두 존재가 공존공생하는 원리로 대치관계가 아닌 상호조화의 관계를 지향한다. 대립과 갈등의 주체가 서로를 인정하고 조화되어 더 나은 삶을 지향하는 다 함께 사는 원리를 담고 있는 것이다.[8]

이에 본 논문에서는 해원상생사상을 증산, 정산, 우당으로 이어지는 사상사적 관점에서 검토하고, 대순진리회에서 시행하고 있는 해원상생의 사회적 실천 면모로서 3대 중요사업을 통해 평화사상의 보편적 가치로서 해원상생을 살펴보고자 한다.

2. 증산의 시대관과 해원상생

증산이 바라본 당시 시대상황은 서세동점으로 인해 존망의 급박함이 백척간두에 놓인 누란과 같은 시기였다. 하지만 조선 정부는 대내외의 혼란을 수습하고 민중의 동요를 위무해야 함에도 불구하고 날로 부패하고 기울어 갔다. 세태는 더욱 흉동(洶動)되어가고 민중의 분노는 충천하여 그 기세는 날로 심하여졌다. 1894년 학정에 분개하여 전봉준이 동학도를 모아 의병을 일으켜 시정에 반항하기에 이른 것이다.

증산은 이러한 정부의 기능상실을 직시하고, 그 무능함을 질책하였다. 동학군의 전도가 분리해지고, 결국 그해 겨울 동학군은 관군에게 패멸하고 만다. 1895년 봄 고부지방의 유생들은 동학의 패멸을 곧 세상의 평정으로 보아 두승산에서 시회를 개최하였다.

세도는 날로 어지러워지고 있는데도 불구하고 세상이 평온하다고 여기는 위정자의 행태를 목도하고 증산은 비로소 광구천하의 뜻을 두게 되었다. 즉 광구천하하고자 한 증산의 종교적 발심이 지배층의 독주와 지배이데올로기인 유교의 기능 상실에 있음을 알 수 있다.

증산은 1897년 구제창생에 뜻을 두고 그 해결방안을 모색하기 위해 세대의 인심과 속정을 살피고자 유력의 길에 오른다. 팔도 유력을 마치고 1900년 고향으로 돌아온 그는 시루산에서의 공부를 시작한다. '시루산 공부'는 관련 전거가 미약하여 그 전모를 확인할 수는 없다. 단지 호둔(虎遁)을 하여 주위 사람이 당황한 일, 산천이 크게 울리도록 소리를 지른 일, 공부를 하다가 우는 일 등의 기이한 행동으로 인해 주변 사람들이 요술공부로 오인하였다고 하는 정도이다.

그럼에도 불구하고 시루산 공부는 팔도를 주유한 연후에 시행된 증산의 구체적 행위라는 점에서 증산의 시대인식과 종교적 방향성을 가늠하게 하는 중요한 단서를 제공한다. 요컨대 구제창생에 뜻을 두고 팔도를 주유한 연후에 시행된 증산의 구체적 행위가 시루산 공부라는 종교적 형태로 표출되고 있다는 것이다. 이는 사회적 혼란을 극복하고 도탄에 빠진 민중을 구제하기 위해서는 인력으로는 불가능하며 오직 종교적 법리로서 해결할 수 있다는 증산의 시대진단과 세계관이 전제되어 있다.

시루산 공부에 이어 증산은 1901년 5월 중순부터 49일간 대원사에서의 공부를 행한다. '대원사 공부'는 증산이 천지신명을 심판한 곳으로 알려져 있다. 여기서 그가 천지신명을 심판하였다는 것은 첫째는 기본적으로 천지신명이 바르지 못하다는 시각이 전제되어 있으며, 둘째는 그 이면에 증산이 천지신명을 심판할 능력의 소유주라는 종교적 신념이 내재되어 있다. 셋째는 당시의 사회문제를 천지신명에 대한 심판으로부터 교정해 가겠다는 종교적 방향성을 가늠하게 한다.[9]

즉, 대원사 공부 이후 하늘과 땅의 운행질서를 근본적으로 뜯어고치는 이른바 '천지공사(天地公事, 1901~1909)'로 증산의 종교운동은 표출된다.

천지공사는 선천의 하늘과 땅을 뜯어고쳐 물샐 틈 없는 후천의 도수를 짜기 위한 천지인 삼계(三界)의 개벽공사를 말한다. 이에 대해 김탁은 "기존의 종교 창시자들이 이상사회를 정신적 차원에서 설정하거나 죽음 뒤의 이상향으로 관념화시킨 데 비해, 증산은 현재의 세상을 바꾸어 '지금 여기서' 이상을 이루어 나가자고 외친 사상의 대전환"으로 천지공사를 평가하였다.[10] 다시 말하면 천지공사는 당시의 사회적 문제를 인간 본연에 초점을 두어 교화하는 기존의 방법과는 달리 우주적인 차원으로 그 범주를 확장하여 궁극적인 해결방안을 모색한 종교 행위라고 할 수 있다. 다음의 구절에서 증산은 당대의 시대문제를 일소하기 위한 천지공사의 필요성을 역설하고 있다.

"상제께서 이듬해 四월에 김형렬의 집에서 삼계를 개벽하는 공사를 행하셨도다. 이때 상제께서 그에게 가라사대 '다른 사람이 만든 것을 따라서 행할 것이 아니라 새롭게 만들어야 하느니라. 그것을 비유컨대 부모가 모은 재산이라 할지라도 자식이 얻어 쓰려면 쓸 때마다 얼굴이 쳐다보임과 같이 낡은 집에 그대로 살려면 엎어질 염려가 있으므로 불안하여 살기란 매우 괴로운 것이니라. 그러므로 우리는 개벽하여야 하나니 대개 나의 공사는 옛날에도 지금도 없으며 남의 것을 계승함도 아니요 운수에 있는 일도 아니요 오직 내가 지어 만드는 것이니라. 나는 삼계의 대권을 주재하여 선천의 도수를 뜯어 고치고 후천의 무궁한 선운을 열어 낙원을 세우리라' 하시고 '너는 나를 믿고 힘을 다하라' 고 분부하셨도다."[11]

위의 구절에서 증산은 다른 사람이 만든 것을 따라서 행할 것이 아니라 새롭게 만들어야 한다고 설명하고 있다. 그 구체적인 실례로써 우리가 사는 세상을 '낡은 집'에 비유하면서 '개벽'이라는 '공사'를 통해 새롭게 구축해야 함을 역설하고 있다. 이를테면 증산은 낡은 집에 그대로 살려면 엎어질 염려가 있기 때문에 기존의 것을 증축(增築)

할 것이 아니라 새로 지어 만들어야 한다는 신축(新築)의 필요성을 제기한 것이다.

이 점이 여타의 종교적 이상사회론과 구분 지을 수 있는 특징이다. 즉, 시운적으로 예정되어 있는 미래가 아닌 운수를 초월하여 증산에 의해 지어 만들어지는 새로운 역사를 지향하고 있는 것이다.

이를 위해 증산은 개벽공사의 주장자임을 자임한다. 그는 구천(九天)이라는 최상의 자리에 있다가 원시의 모든 신성·불·보살들이 "상제(증산)가 아니면 혼란에 빠진 천지를 바로 잡을 수 없다"[12]는 절박한 하소연에 의해 내려오게 되었다고 자신의 강세(降世) 동기를 밝혔다. 증산의 이러한 선언에서 그의 독특한 종교적 세계관을 엿볼 수 있다. 세계 구원의 요청이 인간이 아니라 신들에 의해 이루어진다는 점이다.

신은 오랜 세월 동안 인간의 구원이나 평화를 위해 역사하는 존재로서 인류가 구원을 소망하는 청원의 대상으로 인식돼 왔다. 그러나 여기에서는 인간을 구원하던 주체들이 오히려 구원을 청하는 객체로서 위치의 변환이 일어나고 있다. 이는 신들조차 어찌할 수 없는 극단으로 치닫는 절박한 상황과 사태의 심각성을 우회적으로 표현한 것이다. 이를 반추하면, 증산에게 있어 광구의 대상은 인간에 한정된 것이 아닌 형이상학적 근거이자 성(聖)의 공간으로 인식되는 신명계까지 포괄하고 있음을 알 수 있다. 따라서 증산의 시대 진단은 인간과 신명을 아우르는 병인(病因)의 파악으로 진행된다.

증산이 파악한 병인은 인간의 일상적 감정인 원이었다. 구체적 설명을 위해 그는 이마두(Matteo Ricci, 1552~1610)와 진묵(震默, 1562~

1633)이라는 역사적 인물에 주목한다. 그는 이 두 사람이 모두 인간 세상을 이상적으로 변화시키고자 하였으나, 그 뜻을 이루지 못함에 원(冤)을 품고 이마두는 문명신(文明神)을, 진묵은 도통신(道通神)을 거느리고 서양에 가서 그들의 문명을 발전시켰다고 한다.

그런데 증산은 인류를 이롭게 하고자 한 이들의 원이 오히려 인류와 신명계를 파멸에 이르게 한 발단이 되었다고 보았다. 이를테면, 신의 역사로써 발전한 서양 문명이 도리어 인류의 교만을 조장하였고, 이는 자연을 정복하고자 하는 욕망으로 변질되어 끊임없는 죄악으로 표출됨에 결국 신도(神道)의 권위까지 훼손하여 온 세상에 참혹한 재화가 발생함은 물론 상도(常道)가 어거져 도의 근원이 끊어지게 되었다는 것이다.[13] 증산은 그 결과로 인류가 무도병(無道病)에 걸려 윤리도덕이 무너지게 되었다고 진단하였다.[14]

그런데 당시의 세태를 천하개병(天下皆病)으로 선언하고 병인을 파악하기 위해 기울인 적극적 모색에 반해 역사적 인물에 가미된 신화적 내용과 그들의 원이라는 진단은 다소 피상적인 느낌을 줄 수도 있다. 수운이 천리와 천명을 따르지 않고 모두 자신의 이익만을 생각하여[各自爲心] 그 마음이 마치 금수와 다름이 없이 되었다는 인성의 타락으로, 소태산이 과학문명의 발달과 이기(利器)에 편승하여 야기된 정신문화의 황폐화 등으로 시대적 병폐를 진단한 것과는 달리 증산은 현실적 당면 과제를 초월적 세계에 투사시킴으로써 그에 대한 원인 규명을 시도하고 있기 때문이다.

증산이 동일한 시공간에서 활약한 개창자들과는 다르게 원이라는 인간의 일상적 감정을 주시하고, 그것을 다시 초월적 세계로 확장해 나간 배경은 다음과 같은 그의 세계관으로 생각해 볼 수 있다.

첫째, 증산은 인류 역사를 한 마디로 원의 역사로 이해했기 때문이다. 그는 인간이란 본질적으로 욕망을 지니고 있으며 이를 실현하고자 하는 존재로 보았다. 하지만 원을 제대로 성취하지 못할 때는 병적으로 발휘될 수 있음을 갈파한 것이다.

둘째, 증산은 인간과 자연이 개별적 객체로 유리된 것이 아니며, 초월적 세계와도 물샐틈없는 유기적 관계 속에 있다고 파악했기 때문이다. 특히 그는 마음의 작용이 개인에서 천지의 운행으로까지 전이된다고 보았다. 즉, 원의 작용이 한 단면에 머무르지 않고 자연 질서의 파괴와 신명계의 착란을 야기하고, 이는 다시 인간사회의 재앙을 불러오는 악순환의 고리를 양산한다고 통찰한 것이다.

셋째, 증산은 현실의 문제를 본질적이고도 구조적으로 해결하기 위해서는 당면 과제에 집착하기보다는 오히려 신명계로부터 원을 풀어야 한다는 신념을 견지하고 있었기 때문이다. 그는 기본적으로 원이 발생할 수밖에 없는 이유를 인간 본성이 아닌 외부환경에 의해 결정지어진다고 보았다. 이를테면, 인간 사물이 모두 상극(相克)에 지배되어 원이 발생할 수밖에 없었고, 그 원이 쌓이고 맺혀 삼계를 채움에 갖가지의 참혹한 재화가 일어났다는 것이다.

따라서 증산은 원에 의한 인간의 지엽적 문제에 집착하기보다는 신명계로부터 원을 풀어나갈 때 그것이 기틀이 되어 인사가 저절로 이룩될 것으로 확신하였다.

원을 단순히 일상감정에 귀속시키지 않고 그 부정적 측면의 속성과 영향력을 간파한 증산은, 이제 전 우주로 확산되어 치유될 수 없는 상태에 이른 세상을 구제하기 위해서는 그동안 누적되었던 원을 해소하고, 동시에 그 뿌리를 제거함에 있다고 보았다. 이에 그는 원에 역사성을 부여하여 그 실체를 명확히 드러내는 한편, 원으로 야기되는 악순환의 고리를 끊어 선순환의 흐름으로 변환하는 대역사를 진행해 나간다. 이와 관련하여 증산은 우선 원이 요(堯)의 아들 단주(丹朱)로부터 비롯되었다고 밝힌다.

"예로부터 쌓인 원을 풀고 원에 인해서 생긴 모든 불상사를 없애고 영원한 평화를 이룩하는 공사를 행하리라. 머리를 긁으면 몸이 움직이는 것과 같이 인류 기록의 시작이고 원(冤)의 역사의 첫 장인 요(堯)의 아들 단주(丹朱)의 원을 풀면 그로부터 수천 년 쌓인 원의 마디와 고가 풀리리라. 단주가 불초하다 하여 요가 순(舜)에게 두 딸을 주고 천하를 전하니 단주는 원을 품고 마침내 순을 창오(蒼梧)에서 붕(崩)케 하고 두 왕비를 소상강(瀟湘江)에 빠져 죽게 하였도다. 이로부터 원의 뿌리가 세상에 박히고 세대의 추이에 따라 원의 종자가 퍼지고 퍼져서 이제는 천지에 가득 차서 인간이 파멸하게 되었느니라. 그러므로 인간을 파멸에서 건지려면 해원공사를 행하여야 되느니라."[15]

위의 구절에서 증산이 이마두와 진묵의 원을 현 세태를 파국으로 치닫게 한 동인(動因)으로 선언하였다면, 단주의 원은 원의 역사가 시작되는 첫 장으로 천명하여 그 해결의 실마리로 삼고자 하였음을 볼 수 있다. 물론 단주가 품은 원은 역사관에 따라 다각도로 조명될 수 있다.

하지만 여기에서 주목할 점은 원의 시작이 단주인가라는 사실성보다는 천하를 승계 받지 못해 갖게 된 그의 원이 순(舜)과 두 왕비를 파국에 이르게 함으로써 원의 뿌리가 세상에 비로소 박히게 되었다는 것이다.

증산은 이들의 원을 종교적 차원에서 풀면 그로부터 수천 년 쌓인 원의 마디와 고가 풀려 만고(萬古)에 쌓였던 모든 원울(冤鬱)이 해소되리라 전망하였다. 이러한 증산의 종교적 구상은 원의 실제적 해소로서 해원을 지향하면서 천지공사의 기저로 자리매김한다. 천지공사는 체계 전체가 유례를 찾아보기 어려울 정도로 독특한 구조와 방법을 구현하고 있으며, 다양한 공사들로 이어져 그 의미를 명확히 이해하기는 어렵다.

하지만 그릇된 천지의 도수(度數)를 재조정하는 작업이 그 주된 내용이다. 달리 말하면, 상도를 잃은 천지도수를 정리하고 결원(結冤)을 해원으로, 상극을 상생으로 전환하는 근본적 질서의 개정(改定)을 통해 도화낙원을 이루고자 한 구체적이고 실제적인 현실화 작업이라 할 수 있다.

3. 정산의 종통계승과 해원상생의 확립

증산의 시대인식과 그 해결방안으로 제시된 천지공사는 민중의 바람에 호응하며 상당한 영향력을 발휘하였다. 그가 보여준 초월성과 권능은 그를 추종하던 이들에게 멀지 않은 시기에 종교적 이상세계가 도래할 것이라는 대망 의식을 고무시켰다. 증산을 따르던 종도들은 천지공사가 당대에 현실화되어 무궁한 선경이 근자에 도래할 것임을 일호의 의심 없이 자신하고 있었다.

그런데 39세라는 그의 이른 화천(化天)은 그들의 기대에 큰 상실감을 주었으며, 결과적으로 증산을 따르던 추종자 집단이 구심점을 잃고 흩어지게 하였다. 물론 증산은 1908년부터 자신의 죽음을 우회적으로 암시하였다. 이후 증산은 종도들에게 천하사를 도모하기 위해 자신이 곧 화천할 것임을 직접적으로 선언하였지만, 누구도 그의 진의를 파악하지 못하였다.

증산의 화천은 종도들에게 회의감을 안겨 주었지만, 동시에 그의 사상체계를 대사회적으로 전파하는 일종의 전환점이 되었다. 종도들은 증산이 생전에 언급한 삼천과 대두목에 주목함으로써 종통 계승의 자각을 가능하게 하였으며, 증산이 천지공사를 통해 확증한 도수를 자신이 계승하고 펴나가야 한다는 소명을 자임하게 한 것이다. 그 결과 무수한 교단이 성립하기 시작하였으며 고유한 종교운동으로 전개되었다.

증산이 화천한 2년 후인 1911년 수부 고판례의 종교체험을 중심으로 교단 창건이 시작되었다. 현재 증산을 신앙의 대상으로 삼고 있는 교단은 50여 개로 추정되며 과거 소멸한 것까지 적어도 100여 개의 교파가 활동하였다.

대표적인 일제하 증산교단은 고수부(首婦 高判禮, 1880~1935)의 선도교(仙道敎)[태을교(太乙敎)]로부터 시작하여 차경석(月谷 車京石, 1880~1936)의 보천교(普天敎), 김형렬(太雲 金亨烈, 1861~1932)의

미륵불교, 안내성(敬萬 安乃成, 1867~ 1949)의 선도(仙道)[증산대도교], 석성 이치복(石城 李致福, 1860~1944)의 제화교(濟化敎), 박공우(仁菴 朴公又, 1876~1940)의 박인암교단[태을교], 문공신(瀛祥 文公信, 1879~1954)의 문영삼교단[문공신파], 김광찬(金光贊, 1869~1917)의 도리원파(桃李園派)[용화교(龍華敎)], 장기준(師首 張基準, 1880~1922)의 순천교(順天敎) 등이다.[16]

그런데 이들의 종교운동은 동시대에 활동한 여타의 신종교 운동에 비해 순수한 종교적 성향이 보다 강하게 나타난다. 일례로 김형렬이 창립한 미륵불교는 1916년 360명의 신도를 선발하여 각각 360군에 파견한 뒤 육무(六戊)를 쓴 물형부를 한날한시에 전신주 밑에 묻게 함으로써 일본에 큰 변란이 일어날 것을 예언하기도 하였다. 즉, 시대적 요청과 시의(時宜)에 부합한 현실 참여적 운동을 전개하기보다는 주술적 측면에 의존한 포교활동으로 점철되었다.

또한 천지공사를 수종(隨從)하며 동일한 종교체험을 하였음에도 불구하고 당시 이들이 제창한 교리는 상이하게 나타났다. 이는 종도들이 참관한 천지공사의 종류와 증산을 수종하던 시기와 기간이 달랐기 때문이며, 증산의 교설을 이해하는 데 있어 종도들의 품성과 바람이 사고의 기저로 작용한 것으로 보인다.

대표적 증산교단의 하나인 차경석의 보천교만을 보더라도 1922년 1월에 교인에게 반포한 12계명(誡命)과 이상호(李祥昊)가 보천교의 교의라고 조선총독부에 제시한 4대법리가 상이하여 내부적으로 체계화된 교리가 부재하였음을 알 수 있다.[17]

또한 무진(戊辰, 1928)설법 이후 촌산지순(村山智順)과의 문답에서

교의는 '인의(仁義)'요, 교강(教綱)은 '경천(敬天)·명덕(明德)·정륜(正倫)·애인(愛人)'이라고 하여 증산의 사상을 유교에 가깝게 해석함으로써 교리의 일관성보다는 시의에 따라 변용되고 있음이 확인된다. 이러한 경향은 일부 교단에 국한된 것이 아닌 친자종도에 의해 창립된 교단의 전반적 정황이었다.

선도교 또한 고수부가 무진(1928)년 5월 교의 간부들에게 7항목의 계잠(戒箴)[18]을 반포하였다는 기록이 있으나 어느 정도 완비된 형태의 교리체계로 제시되지는 않았다. 후일 고민환(高旻煥)이 저술한 『선정원경(仙政圓經)』에 고수부가 교도들에게 가르쳤다는 계명 10조와 그녀의 말을 고민환이 정리한 것으로 보이는 6대보은 등이 전하고 있다.[19]

따라서 교리체계의 완비는 다소의 시간적 경과가 있은 후로 보인다. 그뿐만 아니라 김형렬의 미륵불교, 안내성의 선도, 박공우의 태을교, 문공신의 문영삼 교단과 같은 친자 종도에 의해 만들어진 당시의 대표적 교단들에서도 교의라고 할 만한 사상체계가 없거나 미비한 상태였다.

증산을 추앙했던 이들은 후천의 도래가 증산의 천지공사에 의해 예정된 것이고 그를 믿기만 하면 선경에 참여하여 복락(福樂)을 받게 될 것이라는 기대심이 있었다. 아울러 증신의 화천 후에 창립된 증산계 교단에 동참한 이들 또한 식민 상황의 질곡으로부터 벗어나고 복을 받고자 하는 현세 기복적인 동기에서 비롯되었다.

그러므로 증산사상에 포함된 해원사상과 인존사상 등은 부차적이었으며 기복신앙이 이들의 주된 신앙 형태였다고 할 수 있다. 또한 증산의 가르침이 이상호에 의해 처음으로 활자화되어 『증산천사공사기』로 간행된 시기는 1926년이었으며, 이를 보완하여 『대순전경』으로 간행한 것은 1929년에 이르러서였다. 따라서 신도들이 폭발적으로 늘어나던 1910년대와 1920년대 초에는 증산사상에 대한 단편적인 이해만이 따랐을 뿐이었다.[20]

이와 같은 상황에서 증산의 가르침을 정확하고도 통일성 있게 이해한다는 것은 어려울 수밖에 없었다. 다만 제각기 증산을 따르며 수학하고 수도한 바에 바탕을 둔 종교적 신념으로 교인들을 이끌어 갔으며, 주문 암송을 통한 신비체험과 치병 효과를 중심으로 포교가 전개되어 나갔다. 그 결과 같은 증산계 교단이라고 하더라도 그 성격은 서로 다를 수밖에 없었다.

그런데 이상의 친자종도의 활동과는 달리 계시적 형태로서의 종통계승을 피력하며, 그 정당성을 확보한 조정산의 종교활동이 한편에서 전개되었다. 정산은 1909년 부조전래의 배일사상을 품고 만주 봉천지방으로 망명하여 구국활동을 하였다.

하지만 항일운동의 과정에서 적지 않은 시련을 겪으면서 고국만이 아니라 동양 천지가 소용돌이치는 세태 속에서 도력을 통한 구국제세(救國濟世)의 뜻을 정하게 되었다. 즉, 정산은 증산과 마찬가지로 인력의 한계를 절감하고 구국제세의 해법을 종교적 차원에서 찾았으며, 그 구체적인 방안이 입산공부로 귀착된 것이다.

입산공부에 진력한 정산은 1917년 증산의 대순진리를 감오(感悟)함으로써 종통계승의 계시를 받게 되었다. 감오득도 이후 정산은 "조선으로 돌아가 나를 찾으라"[21]는 증산의 계시를 근간으로 그의 종교활동을 전개한다. 이러한 일련의 과정들 속에서 정산은 앞서 언급한 교단의 교조들에 비해 증산을 실제로 친견하거나 그의 교설을 간접적으로 전하여 받지는 않았다.

따라서 증산의 종교적 계시를 근간으로 촉발된 정산의 종교활동은 큰 파장을 일으켰다. 또한 정산이 해원상생 대도의 진리를 설법하고, 대원사 공부의 진의를 밝히며, 증산이 짜 놓은 도수에 맞게 실행한 부단한 공부는, 타 증산계 교단으로부터 견제의 대상이 되었다. 특히 정산의 교리제정은 친자종도들보다 시기적으로 앞선 것이었으며, 여타 교단의 교설과 대별되는 독자적인 것이었다.

1925년 정산은 무극도를 창도하며 증산을 구천응원뇌성보화천존상제(九天應元雷聲普化天尊上帝)로 봉안하고, 그의 핵심이 되는 요지를 16자의 종지로 표명하였다. 아울러 신조·목적을 제정하여 신앙의 골격을 마련하였다.[22]

더욱이 여타의 증산계 교단과는 달리 독창적인 교리가 태극도(太極道)와 대순진리회에 일관되게 계승 유지되는 특징을 가진다. 대순진리회의 교리체계 중 가장 대표적 이념인 해원상생 또한 정산에 의해 교리로서 체계화 된 것이다.

'해원'은 역사적으로 누적된 원한을 근원적으로 해소하는 것이고, '상생'은 이러한 해원을 통혜 발현되는 새로운 사회의 구성 원리를 의미한다. 증산에 따르면 인류역사는 상극에 의해 지배된 세계로, 원울이 쌓이고 맺혀 대립과 갈등으로 점철된 사회였다.

이에 반해 앞으로 다가올 후천은 상생의 도가 주도하는 사회로서 근원적인 고통으로부터 자유로워진 종교적 이상세계이다. 선천에 만연된 원리가 상극이었다면, 후천은 이와 달리 상생으로 운영되는 세상인 것이다.

이러한 패러다임으로의 전환을 증산은 해원상생을 통해 가능하다고 보았다. 선천의 모든 부정적 결과가 기본적으로 상극적 요인에서 기인한 것이기 때문에 후천으로의 전환은 이를 해소할 반대 이념을 모색하게 한다. 이에 증산은 선천의 낡은 가치관을 대신할 새로운 이념으로 상생을 제안한 것이다. 즉, 상생은 새로운 세계를 건설하기 위한 보다 본질적인 사고의 전환인 동시에 지침이다.[23]

4. 우당의 중요사업과 해원상생의 실천

증산이 추구한 해원의 범주는 개인과 개인의 관계로부터 사회전체 나아가 세계 만물에 이르기까지 만연된 원의 해소라고 할 수 있다. 증산이 주창한 해원상생의 가치는 한국적인 상황을 토대로 민족해원으로 출발하였지만, 궁극적으로는 인류가 처한 세계사적 모순을 근본적으로 없애고 나아가 인류공영의 평화적 세계를 구현하고자 하는 데 있었다.

구체적인 사례를 살펴보면 국가, 민족, 제도, 관습 등 다양하게 나타난다. 증산은 조선의 국운을 돌리기 위해 오선위기혈과 관련한 공사를 보았으며, 이후 금강산 일만이천 봉에 응기하여 도통군자가 출현함으로써 민족의 해원이 이루어진다고 보았다. 아울러 반상의 구별, 적서의 차별, 남존여비, 빈부격차 등과 같은 제도나 관습에 자리하고 있는 구조적 모순을 없애고자 하였다.

증산이 해원상생을 통해 이룩될 것으로 전망한 후천은 경제적으로는 지극히 풍족하여 빈부의 차별이 없어지고, 정치적으로는 조화로써 창생이 법리에 맞게 다스려져 위무와 형벌이 사라질 것으로 전망하였다. 또한 인간은 불로불사의 장생을 얻어 쇠병사장을 극복하며, 모든 사람의 지혜가 밝아지고 인격적으로 도야되어 만국이 화평하고 시기질투와 전쟁이 끊어지는 사회였다. 이는 평화란 전쟁이 일시적으로 중단된 상태를 의미하는 것이 아니라 모든 적대감이 제거되고 보편적인 이성의 법이 실현된 상태에서만 비로소 경험될 수 있다는 칸트의 '영구적 평화(Pax Perpetua)'[24]와도 연맥되는 부분이다.

증산은 이러한 사회가 도래하기 위해서는 무엇보다 해원이 전제되어야 하며, 인류가 지향하는 영구적 평화가 지속하기 위해서는 상생의 실천이 필요하다고 보았다.

우당은 정산의 유명으로 종통을 계승하여 1969년 대순진리회를 창설하였다. 정산이 증산의 천지공사를 이어서 그 종교목적을 달성할 수 있도록 모든 신앙의 법제를 갖추었다면, 우당은 그 법제를 지키고 그대로 행해 나갈 수 있도록 운영 전반을 책임지는 역할을 맡았다.

무엇보다 그는 해원상생의 가치를 드러내기 위해 다양한 방향에서 어려운 사회적 문제 해결에 동참하려는 노력을 기울였다. 이를테면 3대 중요사업을 제정하여 구호자선·사회복지·교육 분야를 중심으로 연차적인 사업을 추진한 것이다.[25]

구호자선사업은 소외당하기 쉬운 사람 또는 소외된 사람을 구제하여 국민총화에 이바지하는 것으로 불의의 재난을 입은 이재민 구호,

소외당하기 쉬운 이들에 대한 구호자선, 고아·병자·노약자·빈민 등의 불우이웃에 대한 구제사업을 펴나가는 것이다.

사회복지사업은 헌신 봉사의 충성으로써 사회발전과 공동복리를 도모하고 국민의 도리를 다하여 국민의 복지 증진에 앞장서는 것으로 병원설립, 요양시설 및 사회복지센터 개설, 자연보호 캠페인, 거리정화운동, 농촌일손돕기, 미아보호운동 등의 국민 복지 증진에 앞장서는 것이다.

교육사업은 전인교육을 통한 윤리도덕과 준법정신을 함양하여, 건전한 공민으로서 국리민복에 기여하는 심신이 건실한 참된 인간을 육성하는 것으로 학교교육·가정교육·사회교육 전반을 그 범주로 삼고 있으며, 대진대학교를 비롯한 산하 고등학교를 운영하여 전인교육에 힘쓰고 있다.[26]

이 중 교육사업을 구체적으로 살펴보면, 대순진리회는 대한민국의 건국이념과 해원상생의 원리에 입각한 성실 경건 신념의 정신에 따라 국가와 인류사회 발전에 공헌할 유능한 인재를 양성하기 위해 1984년 2월 6일 학교법인 대진학원을 설립하였다.

1984년 12월 17일 서울시 노원구에 대진고등학교 설립 인·허가와, 1988년 11월 12일 대진여자고등학교 설립 인·허가를 서울시 교육위원회로부터 받아 교육기관으로서의 면모를 갖추어 나가기 시작하였다. 인의(仁義)의 사상을 바탕으로 하는 대진대학의 설립을 추진하여 1991년 11월 15일 경기도 포천시 선단동에 대진대학을 설립하였다.

그 후 1992년 3월 13일 학교법인 대진학원을 학교법인 대진대학교로, 대진대학을 대진대학교로 변경인가를 받았다. 또한 1994년 2월 1

일 경기도 성남시 분당구에 분당 대진고등학교, 1994년 10월 21일 서울특별시 강남구에 대진디자인고등학교를 설립하였고, 1995년 1월 16일 고양시 대화동에 일산 대진고등학교, 1995년 10월 30일 부산 금정구에 대진정보통신고등학교를 설립하였다. 그리고 2009년 3월에는 충청북도 괴산군에 중원대학교를 개교하여 운영하고 있다.

이처럼 대순진리회는 연차적인 교육사업을 추진하여 국가와 인류사회의 시대적 요청에 부응하고 공헌할 수 있는 최고의 지성과 인격을 갖춘 창의적 인재를 양성하기 위하여 2개의 4년제 대학교와 6개의 고등학교를 설립하여 운영하고 있다.

대순진리회의 중요사업은 증산의 천지공사와 해원상생의 이념적 실천에 따른 후대인들의 인식이 부합한 결과라 할 수 있다. 요컨대 증산에 의해 주도된 천지공사의 도수대로 전개될 것이라는 믿음을 기반으로 현재 진행되고 있는 중요사업이 증산의 유지를 받드는 공사의 일환으로 이해함으로써 현창된 결과인 것이다.

증산의 언설을 면밀히 살펴보면 증산은 인존(人尊)을 표방하며 인간의 능동성과 주체성을 강조하고 있다.

그는 "일이 마땅히 왕성해지는 것은 천지에 있어서 반드시 사람에게 달려 있는 것은 아니다. 하지만 사람이 없으면 천지도 없기 때문에 천지가 사람을 낳아 쓴다"[27]라고 상호 의존적 관계에 있음을 명확히 하였으며, "선천에는 모사(謀事)가 재인(在人)하고 성사(成事)는 재천(在天)이었지만, 이제는 모사는 재천하고 성사는 재인이니라"[28]고 하여 천지공사의 향방에 인간의 중추적 역할을 전면에 내세우고 있다. 곧 천지인 삼계가 개별적 객체로 유리된 것이 아님을 밝혀 순결한 마음으로 천지공정에 적극적으로 참여할 것을 고무시키고 있는 것이다.

우당은 "종교의 본질은 구제신앙에 있으며 이것의 구체화는 사회와 민생을 구호하는 사업을 펴는 일이다"라고 언급한 바 있다.[29] 최근에는 UN NGO 가입을 통해 빈곤과 기아에 허덕이고 있는 세계 각처의 국가에까지 구호활동을 확장하고자 준비 중에 있다.

해원상생에 기반을 둔 이러한 일련의 노력과 실천이 한반도의 체제를 넘어 이념적 가치로서 인류가 지향하는 영구적 평화에 부합되는 인류 공통의 가치관으로 자리매김할 수 있을 것이다.

5. 평화사상의 보편적 가치로서 해원상생

평화적인 남북대화와 국제협력을 통해 점진적이면서 단계적인 통일을 이루어야 한다는 데에는 이견이 없을 것이다. 과거 진행되었던 대북제재 또한 궁극적으로는 북한을 대화의 장으로 이끌어 내고자 하는 일종의 방법론이었을 것이다.

하지만 정부의 대북강경책과 북한의 군사적 위협은 상호 불신과 대립의 국면으로 치닫게 하였다. 또한 일방적인 사드(THAAD) 배치 결정은 한반도 내의 긴장뿐만 아니라 주변국들과의 경제협력과 우호관계 모두를 위태롭게 하였다.

남북관계는 무엇보다 중장기적 안목을 토대로 한반도의 전체적 실익을 이끌어내야 한다. 하지만 북한의 군사도발에 남한 정부의 정파적 이해관계가 얽히면서 전면적인 대화의 단절로 이어졌다. 이 같은 경색

된 관계는 정치적 대립에서 경제와 민간교류의 위축 상황으로 이어졌으며, 그에 따른 직접적인 손실은 대다수의 국민이 받게 되었다고 해도 과언이 아니다.

그 일례가 개성공단의 폐쇄라 하겠다. 이는 관점을 달리하면 남북관계가 더 이상 당국 간의 문제가 아님을 역설한다. 이제 국내외의 정치 상황과 맞물리면서 단기간에 개선하기 어려울 것으로 보였던 냉각된 남북관계가 급격한 변화의 기로에 서 있다. 이러한 시점에서 정부의 노력과 함께 민간교류의 차원에서 그 해결방안을 모색할 필요가 있다.

남북한 간의 민간교류는 문화 · 예술, 교육 · 학술, 언론 · 출판, 체육, 종교 등의 다양한 분야에서 이루어지고 있다. 다양한 분야에서 진행되고 있는 민간교류는 정치적 환경 변화에 상관없는 인도적 차원의 지원을 견지하고 있다.

특히 남북관계가 경색되었던 2008년 이후에도 종교 분야의 교류는 지속적으로 이루어지고 있다. 남북 간 사회문화협력이 거의 중단되었던 2012년, 조계종은 신계사 낙성 5주년 합동법회, 천태종은 영통사 낙성 7주년 합동법회, 천주교는 장충성당에서 통일기원 합동미사를 개최하였다.

이제 남북관계는 정부가 아닌 민간 중심의 교류협력으로 이행될 것으로 전망된다. 분단 70년이 경과하는 동안 서로 다른 정치이념과 체제로 인해 민족 전통과 역사에 대한 이질감이 발생하였다. 따라서 사회문화 분야의 교류와 협력을 통해 단절된 유대감을 회복하고 상호이해를 증진하는 소통의 장을 모색해야 한다.

사회문화 분야의 다양한 교류 속에서 군사적 위협요소가 제거되고,

사회문화공동체 형성이 남북한 간에 서로 도움을 줄 수 있는 영역이라는 국민적 공감대를 형성해 나간다면 민간교류는 평화적 통일 기반을 조성하고, 통일 이후 원활한 사회문화공동체를 형성하는 데 유력한 통로가 될 것이다.

종교단체의 교류와 관련하여 대북지원 프로그램에 참여하고 있는 일부 신종교도 있다. 하지만 대다수의 신종교는 기성종교에 비해 상대적으로 열악하다. 한국 내에서의 입지를 비롯하여 교세와 재정적인 측면을 고려하면 한국 신종교는 민간교류에 적극적으로 참여하기 어려운 형편일 수도 있다.

하지만 한국 신종교는 사상사적 연대감을 조성하여 남북교류에 있어 많은 장점을 가지고 있다고 평가된다.[30] 한국 신종교는 일제의 가혹한 탄압과 권위적 속박에서 손상된 민족의 자존과 긍지를 회복하려는 민족문화운동의 거점으로서 그 일익을 담당하였다. 이들은 자신들만의 독특한 종교적 이념을 토대로 민족의 위기상황을 극복하기 위한 다양한 사회활동을 전개해 나갔다.

예컨대, 천도교와 3.1만세운동, 보천교의 천자등극운동, 무극도의 간척사업, 대종교의 항일독립투쟁, 원불교의 저축조합운동 등은 일제강점기 신종교들이 전개한 대표적인 사회운동이었다.[31]

이러한 사회운동이 일제 강점기에 활발하게 전개될 수 있었던 것은 기본적으로 분명한 역사적 시각을 지니면서 일제의 식민수탈에 따른 민족혼의 훼손과 민중의 생존위협에 대응하여 촉발되었기 때문이다. 19세기 말의 한국사회는 세계사의 조류에 노출되면서 제국주의 열강의 각축장이 되었다.

이들의 팽창과 대립 속에서 민족문화의 정체성을 확립하고 민족정기를 선양하는 것이 중요한 과제로 대두하였다. 이에 민족문화를 수호하고자 한 각계각층의 노력은 일제의 폭압에 항거하는 민중운동으로 나타났으며, 그 주된 축을 담당한 것이 한국의 자생 신종교라 할 수 있다.

　한국 신종교가 발생하여 활동했던 시기는 북한의 체제변화와 남한의 대응이 혼선을 발생하면서 주변국들과의 이해관계가 첨예하게 대립하는 오늘날의 국제관계와 상당한 유사점을 보인다. 따라서 한국 신종교의 평화사상을 조명하는 작업은 공허한 지도이념과 낡은 사회를 탈피하고, 건전한 사회로의 이행과 인류 평화를 갈망하는 현 사회에 시사하는 바가 있을 것으로 본다.

　이러한 맥락에서 대순진리회의 해원상생사상은 전 인류가 하나 되고 인류의 영원한 평화를 이루고자 하는 인류보편의 가치를 담고 있다. 지역 세계의 갈등과 분쟁 속에서 해원상생사상은 상호작용과 실천의 원리로서 인류가 함께 공유할 정신문화적 가치로서 기능할 수 있으며, 나아가 한반도의 분단문제와 평화에 대해 종교적 차원을 넘어 평화 구현에 이바지할 것으로 기대한다.

주(註)

1) 윤재근 · 나권수, 「근대 한국 신종교의 이상세계 관념과 종교민족주의」, 2016, 197쪽 참조.

2) 노길명, 「신흥종교 창시자와 추종자의 사회적 배경과 그들 간의 관계: 중산교를 중심으로」, 1997; 김탁, 『한국종교사에서의 동학과 중산교의 만남』, 2000.

3) 이찬수, 「종교평화학의 모색 - 평화학과 종교가 만나는 지점」, 2013, 155쪽.

4) 「종교평화학의 모색 - 평화학과 종교가 만나는 지점」, 『대순회보』 제35호, 2쪽.

5) 윤이흠, 『한국종교연구』 권1, 1991, 287-288쪽 참조.

6) 시대역할론이란 신종교의 출현이 단지 일제강점기를 극복하기 위하여 태동한 것으로 조국광복과 더불어 그 역할이 차츰 퇴색되었다는 소견이다. 가령 수운의 사상을 배경으로 전개된 동학혁명은 정치적 실권의 획득에 실패한 것으로 해석하고, 이후 천도교에서 진행된 신문화운동은 지속적 실천이나 제도화에 이르지 못했다고 평가하는 것이다. 한편, 대종교의 출현을 독립운동의 방편으로 치부하여 조국광복과 더불어 더 이상의 역사적 의미가 사라졌다는 것이다. 김동환, 「대종교 항일운동의 정신적 배경」, 2001, 139쪽 참조.

7) 이경원, 「대순진리회의 '상생' 이념에 관한 연구」, 2004, 26-28쪽 참조.

8) 송재국, 「21세기 지구촌사회의 이념적 지향」, 2003, 24쪽.

9) 나권수, 「대순진리회의 이상사회론 연구」, 2016, 111쪽.

10) 김탁, 「중산 강일순의 공사사상」(한국학정신문화연구원 박사학위 논문, 1995), 62쪽.

11) 대순진리회 교무부, 『전경』(여주: 대순진리회 출판부, 2010), 공사 1장 2절. 이하 『전경』의 인용은, '편 · 장 · 절' 의 일부만을 간략하게 표기한다. 예를 들면, 『전경』 공사 1장 2절' 의 경우 '공사 1-20' 의 형식으로 그 전거를 밝힌다.

12) 예시 1 참조.

13) 교운 1-9 참조.

14) 행록 5-38, "病有大勢 病有小勢 大病無藥 小病或有藥 然而大病之藥 安心安身 小病之藥 四物湯八十貼…(중략)… 大病出於無道 小病出於無道 得其有道 則大病勿藥自效 小病勿藥自效…(중략)… 忘其父者無道 忘其君者無道 忘其師者無道 世無忠 世無孝 世無烈 是故天下皆病 病勢 有天下之病者 用天下之藥 厥病乃愈"

15) 공사 3-4.

16) 관련 내용은 이정립, 『증산교사』, 1977; 홍범호, 『범증산교사』, 1988; 이강오, 『한국신

홍종교총감』, 1992; 박용철, 「종지의 표명이 갖는 종교적 의미에 대한 고찰」, 1998; 이 경원 · 백경언, 「증산계 신종교운동의 역사와 사상적 변천에 대한 조명」, 2015 등을 참 조할 것.

17) 홍범초, 『범증산교사』, 1988, 93-96쪽 참조.

18) 선도교의 계잠은 '1.남에게 척짓지 말라, 2.거짓말을 하지 말라, 3.자존심(自尊心)을 갖지 말라, 4.도적(盜賊)질 말라, 5.간음(姦淫)하지 말라, 6.무고(無故)히 살생(殺生)하 지 말라, 7.다른 사람의 허물을 말하지 말고 자기의 허물을 생각하여 천지에 사죄하 라' 이다. 같은 책, 42쪽.

19) 『선정원경』에는 이 외에 오도수행요목(悟道修行要目), 6화명심(六和銘心), 수도제익 요람(修道諸益要覽), 봉도식(奉道式), 일상의 심고(心告) 등이 수록되어 있다. 같은 책, 50-55쪽 참조.

20) 윤재근, 「한국 신종교 경전의 문학적 요소-증산의 경우를 중심으로」, 2014, 111-114 쪽 참조.

21) 교운 2-8.

22) 종지(宗旨)-음양합덕 · 신인조화 · 해원상생 · 도통진경(陰陽合德 神人調化 解冤相生 道通眞境)
신조(信條)-사강령(四綱領)…안심(安心) · 안신(安身) · 경천(敬天) · 수도(修道)
삼요체(三要諦)…성(誠) · 경(敬) · 신(信)
목적(目的)-무자기(無自欺) 정신 개벽(精神開闢)
지상 신선 실현(地上神仙實現) 인간 개조(人間改造)
지상 천국 건설(地上天國建設) 세계 개벽(世界開闢)

23) 윤재근, 「대순사상에서의 종교교육과 인권」, 2012, 142쪽.

24) 엄정식, 「칸트와 현대의 평화사상」, 1995, 172-173쪽 참조.

25) 『대순진리회 요람』, 2016, 13쪽.

26) 정지윤, 「대순사상의 사회적 이념과 그 실천」, 2013, 142-146쪽 참조.

27) 『전경』,교법3장47절,"事之當旺在於大地 必不在人 然無人無天地 故天地生人 用人 以 人生 不參於天地用人之時 何可曰人生乎"

28) 『전경』, 교법 3장 35절.

29) 정지윤, 앞의 글, 148쪽.

30) 윤승용, 「남북교류와 신종교의 과제」, 2001, 26쪽.

31) 윤이흠, 「일제강점기의 민족종교운동」, 2003, 185-214쪽 참조.

종교와 평화를
말하다

5장 │ 통일과 한류[1]

조용기

1. 들어가는 말

최근에 발생한 남북공동연락소 폭발사건은 남북한 통일에 대한 변화를 시사하고 있다. 또한 2020년 8.15 광복절 행사에서 밝힌 문재인 대통령의 축사에서 나타나듯 이제는 남북한 통일에 대한 새로운 접근이 요구되어진다 하겠다.

이는 기존의 남북한 통일에 대한 정책적인 한계를 나타내고 있으며, 이를 위한 대안으로 다양한 루트를 통해 통일을 가능하게 하는 시도를 해야 함을 의미하는 것이다. 무엇보다도 기존의 정치, 외교적인 방식의 한계를 나타냄과 동시에 남북한 통일을 위한 과정으로서의 계획수정을 의미한 것이라 하겠다.

남북한 분단의 세월이 흐르면서 통일에 대한 현실은 부정적인 인식과 함께 남북한은 상대체제에 대한 갈등을 넘어 사람에 대한 두려움, 거부감도 깊이 내면화 되고 있다. 이러한 현실은 오랜 분단의 세월로 인해 문화적 · 정서적으로 많은 차이를 만들어 내기도 한다.

이런 입장에 통일은 남북한이 함께 만나 이러한 차이를 극복하는 것이 가장 우선시되어야 할 것이며, 통일은 정치 · 경제 · 외교 · 군사 관계가 하나가 된다고 해서 완성되는 것이 아니라 남북한 사람들 간의 문화적 · 인식적 · 정서적 공감과 공유가 이루어질 때 통일은 비로소 완성된다 할 것이다.

그러므로 한반도 통일과정에서의 중요한 방법은 사람과 사람 사이의 문화적 공감대 형성이 가장 중요할 것이다. 이러한 문화적 공감대를 통해 가능하게 하는 것이 문화라고 할 것이다. 북한을 이해할 수 있고, 남한을 알릴 수 있는 문화적 접근을 통해 서로간의 인식 격차를 줄이고, 서로를 알아가는 것이 통일을 위한 중요한 과정이라 하겠다.

통일과 관련된 연구와 관련해서 갈퉁(Galtung)은 통일의 경우를 분단의 상처를 치유하는 데 한두 세대 이상의 세월이 필요함을 지적하고 있다.[2] 한반도의 분단 상황은 오랜 세월 지속되었던 것처럼 그 이상의 시간이 필요한 것으로써 점진적으로 접근할 필요가 있음을 의미하고 있는 것이다.

통일에 대한 연구의 경향은 통일과 관련된 교육분야와 통일과 관련된 실용적 · 정책적 차원의 통일논의[3], 국가우선주의의 통일논의와 민족중심의 통일논의, 민간 주도의 교류협력 차원의 논의[4], 탈북민과 관련된 통일논의[5] 등이 주를 이루고 있다.

무엇보다 김용우[6]는 남북공동체에 관한 가능성을 기능주의를 들어 그 한계성을 지적하면서 통일에 대한 지속성과 실효성을 뒷받침할 수 있는 제도화와 당국 간의 정치적 결단과 협상을 병행하는 절충적 기능주의를 대안으로 제시하고 있다. 이는 통일에 대한 기본의 정치 · 군사적인 한계성을 의미하고 있고, 대안으로 통일을 위한 문화적 접근 등의 다양한 접근을 통한 통일의 가능성을 시사하고 있다.

또한 이정우[7]는 통일과 관련하여 이전의 정권들이 진행하던 통일정책을 비교 분석하여 남한과 북한이 정치문화적 안정을 도모하는 변화의 과정을 연구하였다. 이는 남북한의 협상과 변화의 양상이 결국은 북핵의 폐기와 북한체제의 안정성을 기반으로 이루질 수 있음을 확인하게 하였다. 이는 통일에 대한 가장 현실적인 입장을 반영한 것이라 하겠다.

특히 한류와 관련해서 임석준[8]은 북한에서의 한류의 동향과 향후 과제를 언급하여 향후 한류가 나아가야 할 바를 지적하고 있다. 여기서 더 나아가 이교덕 외 4인[9]은 남한에 정착한 탈북민들의 증언을 통해 한류가 북한에 일정부분 영향을 주고 있음을 알리고 있다.

강동완[10]은 한류와 북한 관련 연구를 하고 있다. 그 가운데 북한의 한류 현상과 사회변화에 주목하여 북한의 문화 실상을 연구하였다. 여기서 그는 한류가 북한 사람들의 인식변화에 중요한 역할을 하고 있음을 지적하면서 한류가 문화로서 향후 통일에 긍정적인 영향을 줄 수 있음을 제시하고 있다. 또한 한류와 관련된 북한의 실상과 탈북 주민들의 남한 미디어와 관련된 이미지[11]와 의식[12] 등의 연구결과물들을 들고 있다. 이러한 한류와 북한에 대한 연구 결과물들은 북한의 다양한 문화접근의 상황을 알 수 있게 하고, 한류와 관련된 북한주민의 의식과 현황 그리고 탈북민의 남한사회 적응 실태 등을 보여주는 중요한 결과물들이었다.

조지프 나이(Joseph S. Nye, Jr.)는 문화로서 갖는 힘의 소프트 파워(Soft Power)를 강조하고 있다. 그에게서 소프트 파워의 개념은 명백한 위협이나 보상 수단을 동원하지 않고도 자신의 매력을 통해 상대방을 자발적으로 이끌리게 하는 것을 말한다. 이러한 개념을 통해 그는 미국을 이끄는 지도자들이 9.11테러사건 이후 재편된 세계 질서 속에서 소프트 파워가 차지하는 중요성을 제대로 이해하지 못하고 있음을 지적하고 있다. 나아가 소프트 파워를 잃고 있는 지금의 현실에서 소프트 파워를 회복해야 하는 문화의 힘을 강조하고 있다.[13]

즉, 우리의 남북통일을 위한 과정에서 한류가 가지는 의미와 가치를 염두해 볼 필요가 있는 것이다.

특히 통일과 문화와 관련해서 전영선[14]은 문화 콘텐츠를 활용한 통일전략 수립을 제안하고 있다. 이는 통일을 위한 전략에서 문화의 힘이 막중함을 의미하는 것이며, 문화가 가지고 있는 다양한 콘텐츠의 결합을 통해 북한 사회가 변화되고 통일이 이루어질 수 있음을 나타내는 의미 있는 연구라 할 수 있다.

그 외에도 북한에서 한류 확산이나 한류의 영향을 언급한 주장 등이 통일과 관련하여 문화, 즉 한류에 대한 접근을 시사[15]하는 다양한 연구들이 진행되고 있다.

이상의 연구결과들은 먼저, 남한의 통일정책과 북한에서의 한류라는 관점에서 한쪽으로 다소 치우치는 연구 성향을 나타내고 있었는데, 무엇보다 최근의 한류 문화와 관련하여 북한의 한류 현상을 파악하는 측면에서는 의미 있는 연구라 할 수 있다. 또한 이러한 연구들은 문화가 통일에 있어서 매우 중요한 역할을 수행할 수 있음을 시사한다고 하겠다. 그러므로 한류를 문화현상으로 보는 데 있어서 어떠한 특징이 통일과 관련이 있는가에 대한 연관성을 연구할 필요가 있으며, 이를 위해 문화에 대한 성찰적 이해가 있어야 할 것이다.

기존의 남북한 통일의 흐름은 국가주의적 패러다임과 민족주의 패러다임의 흐름으로 그 이름을 달리하여 전개되어 왔다. 그러나 이러한 정책적 흐름은 한계적 상황을 맞이하였고, 남북통일을 위한 새로운 접근이 필요해졌다. 이런 현실을 감안하여 통일정책의 흐름을 살펴보고, 이를 통한 새로운 대안으로 한류를 제시하고자 한다.

다음으로는 북한에서의 한류 현황을 파악하여 통일 과정에 있어서 한류가 가지는 가치와 의미를 모색하고자 한다.

　한반도의 통일은 남북한 사람들의 기본적인 삶의 문제이면서 인류 평화에 기여하는 상징적 의미를 가진다. 그렇기 때문에 남북통일은 서로가 상생하여야 함을 기저에 깔고 인류가 반드시 지향하는 삶의 가치와 의미를 담아내야 한다. 이러한 의미를 담아내는 것이 바로 우리 모두가 원하는 한반도의 통일인 것이다.

　통일의 목적은 그 가치와 의미 파악을 통해 그 가능성을 높일 수 있는 것이다. 그리고 이러한 가능성을 높일 수 있는 것이 문화로서의 한류인 것이다. 지금의 한류는 세계인들에게 공감과 공유를 이끌어 내어 국가·인종·언어를 넘어서 세계인들을 하나로 묶어주는 역할을 하고 있고, 이러한 상황에서 북한 또한 예외일 수 없는 것이다.

　따라서 남북한 통일의 과정에서 한류는 북한사회를 변화시키는 한반도 통일의 촉매제가 되어 남북한 사람들을 문화적인 면에서 하나로 결집시킴으로써 인류가 지향하는 평화에 이념적으로 기여하는 문화의 힘을 제대로 보여주는 사례가 될 것이다.

2. 통일에 대한 문화적 접근

　한국의 통일정책은 국내외적 사회변화 요인과 정치지도자의 신념에 따라 변화되어 왔고, 주어진 국내외적 조건에 맞춰 정책이 이루어져 왔다.

　무엇보다 노태우·김대중·노무현 정권의 경우 통일정책의 추진에 있어서 적극적인 노력과 정책을 통해 남북한의 문제를 해결한 모습이 높게 평가된다. 그러면서 한국의 통일정책은 몇 가지 특징을 지니고 있다.

첫째, 통일정책을 추진하는 데 있어서 남북한 모두가 통일의 목적을 가지고 있다는 것이고, 둘째, 통일정책을 추진하는 데 있어서 민족중심의 통일과 국가중심의 통일로 진행되고 있음을 알 수 있다. 셋째, 이제는 통일 정책의 목적을 공유하면서 과정으로서의 가치가 매우 중요해지고 있다. 즉, 남한과 북한 모두가 상호 이익이 되는 통일이 되어야 하는 것이다.

그런데 이러한 통일에 대한 정책들은 그간 별다른 성과를 보이지 못한 채 오늘에 이르고 있다.[16] 그러면서 문재인 정권에 들어서서 통일에 대한 다각적이고 다변적인 시도와 접근을 언급하고 있다.[17] 이는 통일에 대한 정책적인 입장보다는 대중적인 입장이 반영된 다양한 루트의 개발과 문화적 소통이 매우 중요함을 의미하는 것이다. 통일은 남북한의 모든 사람들을 위한 삶의 문제이며, 더 나아가 인류 보편적인 가치와 의미를 공유하는 데 초점이 맞춰져야 한다는 것이다. 그러므로 남한과 북한의 다수의 사람들이 서로 공감하고 공유할 수 있는 장(場)을 형성하는 것이 더욱 중요해진다.

이러한 입장에서 통일은 다수의 사람들이 공유하고 공감하는 문화가 형성될 때 현실적으로 가능하다 하겠다. 통일의 문화는 공감과 공유를 통해 사회화되고, 학습되는 과정을 거쳐 인식의 변화를 거쳐 그 범위를 확장한다. 이것이 통일의 문화라고 할 수 있다.

통일을 위한 문화는 『남북기본합의서』[18]에 명시된 문화교류 관련 조항에 나타난 것처럼 남과 북의 상이점을 제거하고, 공통분모를 찾아 나아간다면 통일의 가능성을 높일 수 있을 것이다.

무엇보다 북한은 현재 체제 개방의 부정적 여파를 고려해서 문화교류에 소극적일 수 밖에 없다. 그러므로 북한이 교류에 자신 있는 분야로부터 문화적 교류를 확대하는 것으로 모색할 필요가 있다. 이를 위해서는 남북한의 문화를 공감하고 공유하는 문화가 선행되어야 할 것이다. 이를 통해 남북한 사람들이 통일 지향적인 문화가 형성되고, 교류를 통한 실천적 노력이 지속된다면 통일은 점진적으로 이루어질 것이다. 이러한 입장에서 여기서는 문화에 대한 성찰적 이해를 통해 한류가 가지는 가치와 의미를 살펴보고자 한다.

문화는 행위나 행동을 기술하거나 한 집단의 유산이나 전통을 지칭할 때, 집단의 조직을 정의하거나 집단의 기원[19]을 지칭하는 경우 사람들이 사회 성원으로 살아가면서 획득하는 능력 및 습속을 포함하는 복합적 관계의 총체[20]를 말한다. 즉, 문화의 개념[21]은 인간적 삶의 가치에 의미를 지니고 있는 것이다. 이러한 문화의 용어는 이후에 문명(civilization)으로 사용되기도 하였다.[22]

문명의 개념은 18세기 후반 프랑스와 영국에서 쓰이기 시작한다. 봉건적 사회 질서가 무너지고 새로운 시민계급이 형성되는 이 시기에 문명화된 이 단어는 '예절바른', '세련된' 의 뜻으로 궁정의 관습에 훈련된 귀족계층의 행동 방식이나 생활양식에 대하여 쓰여졌다.[23] 이러한 문명의 개념은 이상적인 인간 사회를 의미하는 개념으로 보편화되고 일반화되어 갔다.

그러므로 영국과 프랑스를 중심으로 문명의 개념을 주로 사용하였고, 독일에서는 문화의 개념을 주로 사용하여 일반적으로 야만성으로부터 탈피한 인간의 업적이나 행동 양식을 의미하여 서구인의 타민족, 타문화에 대한 우월감을 암묵적으로 드러내고 있음을 의미한다.

문화의 근대적 의미는 독일에서 칸트(Immanuel Kant)에 의해서 일반적으로 의미를 갖게 되었다고 할 수 있다[24].

칸트에게서 문화와 문명을 구분하는 근본적 차이는 도덕성이었다. 인간이 문화화 된다는 것은 곧 도덕화를 의미[25]하며, 여기서 도덕은 인간이 자연으로부터 벗어나 스스로 목적을 설정하는 자율적일 수 있는 유일한 영역인 것이다. 인간의 자연상태는 폭력적인 힘의 관계에 지배를 받는 것이므로 보편적인 인간성에 입각하여 야만성을 순화, 훈련, 평정하는 문화상태로 나아가야 하는 것이다.

그러나 문화와 문명에 대한 칸트의 시각은 문화는 정신적이고, 고차원적이며, 문명은 물질적이고 저차원적으로 고착화라는 이분법적인 구분이라고 할 수 있다. 이러한 입장을 반영한 독일의 근대적 문화개념은 전체적으로 반계몽주의적, 낭만주의적이라 하겠다. 이는 인류의 단일성, 보편적 진보에 대한 신념에 반대하고, 계몽주의적 진보 신념에 대해 회의했으며, 오히려 유기체적으로 발전하고 전체로 통일되는 정신적 문화개념을 중시한 것이다. 여기서 문화는 필연적으로 집단적, 민족직 형식을 의미하게 된다.

무엇보다 오늘날과 같은 문화의 개념[26]은 19세기 민족주의와 함께 세속화의 물결 속에서 종교가 갖는 정신적 권위와 유산을 대체하는 개념[27]으로 새로운 세계를 위한 중심개념으로 등장하였다.

헤르더(J.G. Herder)[28]는 문화 인식에 근거하여 민족 개념을 정의했다. 그는 역사를 민족, 공동체성의 생성, 변화, 발전하는 삶의 형태로 보고, 이 역사를 기술하고 분석하는 데 유용한 개념으로 문화를 제시한다.[29] 헤르더에게서 문화는 문화공동체로서 민족과 국가 공동체가 시작하면서 변화하고 완성되고 해체되는 삶의 모습과 형식으로 이해되었던 것이다. 현대적 의미에서 본다면 헤르더는 문화적 다양성을 인정하고 문화의 중심화에 따른 세계시민주의, 관료주의, 제국주의를 거부하는 민족중심의 측면을 갖고 있다고 할 수 있다.

19세기 후반 아놀드(Matthew Arnold)[30]에 의해서 문화와 문명은 전통으로 연결된다. 아놀드에게서 문화는 어떤 것이 되어가는 것을 뜻하며, 일련의 외적 상황에서 드러나는 것이 아니라 내면에서 이루어지는 것이다. 즉 아놀드에게 문화는 최선을 알기 위한 노력이며, 또한 모든 인류 보편을 위한 지식이 널리 알려지도록 하는 노력이 내면화되고, 되어가는 것을 의미하는 것이다.

이러한 입장을 반영한 윌리엄스(R. Williams)[31]의 문화는 개인이나 집단의 지적, 정신적 발전 상태를 의미하고, 문화를 보편적인 가치라는 관점에서 한민족이나 집단 혹은 사회의 활동이나 신앙, 관습 등 전체적인 삶의 양식을 나타내는 것으로 언급된다.[32] 그에게서 문화는 개인과 집단의 보편적인 가치를 추구하는 상태나 과정을 의미한다 하겠다. 아놀드와 윌리엄스에게서 나타난 문화는 개인이나 집단이 내면화된 지식과 정신을 공유하고 공감하는 과정에서 전체적인 삶으로의 양식을 형성하는 것이라고 할 것이다.

타일러(Edward B. Tylor)[33]는 사회의 성원으로서 인간이 터득한 신념, 지식, 지식, 예술, 법률, 도덕, 기타 모든 능력과 습관을 포함하는 복합적 총체가 문화라고 정의하였다. 다시 말해 사회성원들이 사회생활의 과정을 통해 배우고 공유하는 모든 것이 문화이며, 한 사회의 생활양식의 총체가 문화인 것이다.[34] 이러한 문화개념은 예술, 과학, 기술 등 비규범적인 요소들보다는 법규, 제도, 원규(原規, mores), 민습(民習, folkways)으로 구성된 규범체계를 중시한다.[35] 이러한 시각에 문화는 포괄적인 개념보다 세부적이고, 한정적인 용어로 문화를 규정하게 되었다.

특히 현재까지 공유되어지는 문화의 개념은 1982년에 유네스코(UNESCO)가 정의한 문화 개념으로 "가장 넓은 의미에서 문화는 한 사회나 사회집단을 특정지어 주는 고유의 정신적, 물질적, 지적, 정서적 복합체인 전체로서 간주되어야 할 것"[36]이라고 하였다.

이러한 시각에 켈러만(Luce Kellerman)[37]은 문화라는 단어는 때로는 가치를 나타내기도 하고, 개념상의 혼란[38]을 초래하기도 함을 지적하였다. 이는 오늘날 우리가 세계에서 유행하는 문화를 접촉하고 향유할 수 있는 이유가 다양한 과학 기술매체의 발달, 교통수단의 발달, 자본주의 사회 등이기 때문일 수도 있기 때문인 것이다.

또한 에드워드 사이드(E.W. Said)는 문화란 정치적, 사회적 이념들이 뒤섞인 혼합체로서 제국으로 인해서 모든 문화는 서로 연결되어 있다고 한다.[39] 어떤 문화도 단일하거나 순수할 수 없고, 모든 문화는 혼혈이며, 다양하고, 다층적인 것을 의미한다. 다른 의미에서 문화는 다수의 사람들에 의해 공유되어지고, 공감되어지는 보편적 정서가 반영되어야 하는 것이다.

이상을 통해 볼 때 다음과 같이 정리해 볼 수 있다.

첫째, 문화는 국가 · 민족 · 언어 · 지역 등의 특수한 입장이 반영되어 인류가 공감하고 공감할 수 있는 보편적인 의미를 담고 있는 것이다.

둘째, 문화의 대체용어인 문명은 보편적인 의미로서의 문제의식을 갖게 한다. 즉, 문화의 보편적이라는 의미는 서양의 제국주의 흐름에 정당성을 부여해 주는 것으로 사용되어 현재의 거대 자본주의 논리에 따른 제국주의적 입장이 반영되고 있는 것이다.

셋째, 현대 사회에서는 문화에 대한 새로운 이해를 필요로 한다. 현대의 문화는 인간 삶의 방식이 축적되어 공유되어지고, 학습되고, 사회 공동체를 통해 공감하는 성격을 반영하는 것으로 그 안에 국가 · 민족 · 언어 · 지역 등의 특수한 입장과 인류보편적인 가치와 의미를 담아내어 다수의 사람들이 향유하는 것을 말한다 하겠다.

결국 통일을 위해 남과 북을 하나로 재통합할 수 있는 핵심은 민족문화라고 해야 할 것이다.[40] '우리는 하나' 라는 민족 문화가 한반도의 역사전통을 통해 지금까지 유지 · 전개 · 계승되어 이러한 DNA를 담아낸 것이 한류의 문화를 형성시킨 것이다. 결국 남과 북을 하나로 통합할 수 있는 저변에는 민족적 정서가 내재되어 있고, 이것을 토대로 형성 · 발전된 문화가 한류인 것이다.

그러므로 이러한 한류는 한반도의 특수한 민족적 DNA정서를 담아내고, 시대적 특징이 반영되어 현대의 과학기술과 대중매체가 결합된 문화인 것이다. 이러한 문화를 북한이 공유하고, 이를 통해 남한이 북한의 문화를 이해하고자 하는 노력이 민족적 동질감을 회복하는 과정으로 통일에서 문화가 갖는 의미 있는 진전이 될 것이라고 본다.

통일을 위한 남북한의 민족문화는 한류를 통해 그 가능성을 엿볼 수가 있을 것이다. 이는 현재의 통일정책이 미국·중국과의 외교문제, 북한정권의 북핵 위협 등으로 인한 반복되는 정치·군사적 긴장관계에서 마땅한 돌파구를 찾지 못하고 있다는 것이고, 이러한 상황에서 한류는 세계적으로 강력한 영향력과 파급력을 확장시키는 데 있다. 이러한 한류의 효과에 북한도 예외일 수는 없는 것이다.

그러므로 여기서는 한류의 전개와 의미 파악을 통해 통일에 대한 한류의 가능성을 살펴보고자 한다.

현재 한류[41]는 한국의 대중문화 현상을 나타내는 가장 보편적인 말로 자리 잡았다. 최근에는 한류가 대중음악을 넘어 공연, 패션, 게임, 애니메이션, 핸드폰, 자동차, IT, 의료분야 등으로 확산되고 있으며, 넓은 의미에서 한국문화의 전반을 포괄하는 개념으로 전세계로 영역이 확장되어 중국과 동남아시아지역을 중심으로 나타나는 한국문화에 대한 열풍을 의미한다.

한·중 국교수립(1992년) 이후 중국으로 한국대중문화가 수출되기 시작하면서 〈별은 내 가슴에〉와 〈사랑이 뭐 길래〉의 TV드라마를 중심으로 1998년 한국 대중가요 쪽으로까지 그 범위가 확대되면서 나타나는 문화현상이다.

이러한 시기에 중국 언론이 2000년 2월 인기 댄스그룹 H.O.T의 베이징(北京)공연을 계기로 '한류'라는 용어를 일반적으로 사용하였다. 이러한 한류는 중국과 동남아시아 지역에서 한국 대중가요, TV드라마, 영화 등에 대한 관심과 선호가 증가하는 사회문화적 현상을 말한다.

'한류'라는 유행어는 한국의 대중문화 현상을 나타내는 가장 보편적인 말로 자리 잡고 있다. 그리고 이러한 용어 외에도 '한풍(韓風)', '한조(韓潮)' 등의 용어들이 동일한 의미로 사용되고 있다. 한류(韓流)는 중국어 발음 '한류(寒流)'와 같아서 '한열(韓熱)'이라고도 한다. 그러나 대부분의 대중매체에서는 '한류(韓流)'로 사용하고 있다.[42]

이러한 한류는 현재 그 영역을 확장시켜가고 있다. 먼저 한류는 1990년대 후반부터 2000년대 초중반까지를 1단계로 말한다. 이 시기를 주도한 콘텐츠 장르는 TV드라마였다. 한국에서 방영되었던 〈사랑이 뭐길래〉(1992)가 1997년 중국에서 방영된 이후 2000년대 초중반까지 한국을 비롯한 수많은 아시아 언론에 보도되며 퍼져 나가기 시작하였다.

또한 〈겨울연가〉(2002)가 일본에서 방영되면서 배용준은 일본인들에게 '욘사마'가 되었고, 최지우는 '지우히메'가 되어 한류에 대한 관심이 본격화되기 시작하였다.

이후 방영된 〈대장금〉(2003)은 중동과 아프리카까지 수출되어 한류의 영역이 더욱 확장되었다고 하겠다. 이러한 〈대장금〉의 효과는 한국 문화산업 전반으로까지 확장되어 관광산업의 부가가치를 높이는 효과를 보이기까지 하였다.[43]

더욱이 한국음식, 한복, 고궁 등 우리나라의 아름다운 전통문화를 알리는 데 있어 그 이전의 문화교류의 성과를 뛰어넘어 한류의 탈아시아적 가능성을 시사하였고, 우리나라의 문화적 가치를 더욱 높인 시기로 특정된다.

다음으로 2000년대 중후반에 한국의 아이돌 그룹이 중심이 되어 나타나는 K-POP이 주도하는 한류의 2단계라고 하겠다. 이제 SNS와 유튜브 등의 인터넷 대중매체의 발달은 K-POP의 열기로 이어져 그 영역이 아시아를 넘어서 유럽과 남미로 퍼져나가면서 탈아시아 현상을 증폭시켰다.

한류 1단계에 나타난 드라마의 영향력은 언어와 문화적 차이, 지역 가치관의 차이 등으로 한계점을 가지고 있었지만, 2단계에서는 그 한계를 넘어서서 영향력이 전세계 문화로 확장되었던 것이다.

또한 한국의 대중가요인 K-POP은 기본바탕을 음악으로 하여 아이돌 걸ㆍ보이 그룹의 화려한 군무가 합쳐지면서 세계인들이 공감하고 향유할 수 있는 볼거리 문화를 제공하고 있다. 이는 인류가 가지는 보편적인 즐거움의 요소인 음악의 청각적 요소와 화려한 군무의 시각적 요소가 결합되어 나타나고 있다.

또한 인터넷의 매체의 과학 기술발전이라는 시대적 환경과 맞물려 시너지 효과를 누리게 된 것이다. 이를 통해 세계인에게 공감과 공유를 이끌어 내어 향유할 수 있는 즐거움의 대중문화를 보여주었던 것이다.

특히 〈소녀시대〉와 〈원더걸스〉 걸그룹에 나타난 어린 아이돌의 훈련과정과 화려한 군무에서 나타난 관심 유발과 때 맞춰 등장한 싸이의 〈강남스타일〉은 유럽과 남미에서 변방의 위치에 있었던 한국의 대중문화를 확실하게 업그레이드시키는 계기가 되었다.

더욱이 한국가수 싸이는 세계 대중문화의 중심지인 미국 뉴욕의 한가운데서 공연을 하고, 미국 유명 토크쇼에도 출연하여 영어로 대화하는 등의 활동으로 '싸이 신드롬'을 낳기까지 하였다.

이상을 통한 특징은 한국의 발전한 IT문화와 K-POP의 문화가 결합되어 시너지 효과를 누리게 되었다는 것과 이러한 결과물이 한국의 문화를 업그레이드시켜서 가장 한국적인 것이 세계적인 것이 될 수 있다는 자신감을 보여주었던 것이다. 또한 한국을 문화 수입국에서 문화를 수출국으로 만드는 문화 부가가치 창출의 가능성을 높였다고 하겠다.

마지막으로 한류의 3단계는 싸이의 〈강남스타일〉을 시작으로 형성된 엔터테인먼트 문화와 걸그룹과 보이그룹으로 나타난 '스타 시스템'[44]이 효과를 누리게 된 결과의 확장 시기라고 해야 할 것이다. 한국의 엔터테인먼트 문화에서 나타난 스타시스템은 한국의 엔터테인먼트에 소속되어 대중의 인기를 끌 수 있는 가능성과 꿈을 가진 사람을 체계적으로 훈련시키고, 관리하는 '시스템'에서 만들어지는 '스타'인 것이다.

이렇게 만들어진 스타는 IT문화와 결합되어 한국을 넘어서 세계인이 열광하는 스타가 되고, 이러한 과정에 나타난 파급효과는 한류의 문화를 한층 업그레이드시키고 다양화시키고 있다.

이제 한류는 한국의 대중문화 콘텐츠만으로 한정하는 것이 아니라 한국문화 전반으로 확장되어 한국의 음식, 전통예술, 한글, 의료, 보건 등의 한국문화 전반에 걸쳐 진행되는 것이 현재 한류의 특징이라 하겠다. 또한 미래의 한류 문화는 인류가 보편적으로 지향해야 할 바를 공감하고, 그 가치와 의미를 공유하는 데서 문화로서의 가치를 더욱 높일 수 있다고 하겠다.[45]

한류 콘텐츠의 확산은 대중문화를 넘어서 한국의 경제, 정치, 산업, 문화 등의 다양한 영역으로 확대되고, 이러한 노하우가 세계 여러 나라에 전수되고, 교류하면서 그 영역이 확장되어 지속 가능한 문화로 발전되어 가고 있는 것이다.

이상을 통해 볼 때 통일과 관련하여 한류의 의미를 살펴볼 수 있다.

첫째, 한류는 한국의 발전된 IT문화의 문화콘텐츠를 보여주는 것으로 그 콘텐츠 안에는 한국인의 민족적 DNA정서가 반영된 것이다. 한국의 민족적 정서가 자민족 중심이라는 한계[46]로 지적될 수 있지만 다른 시각에서 본다면 한국적인 것이 세계적일 수 있는 가능성을 보여주는 것이라 하겠다.

이는 단군이래로 단일 혈연공동체적 특성과 반만년을 한 지역에서 지내온 지역공동체, 수많은 전쟁의 침략 과정에서 벗어나 독립을 이루어 낸 운명공동체적 성격이 반영되고, 세계적으로 유래 없이 가장 단시간에 경제적 부를 이루었다는 민족적 자긍심이 복합적으로 작용하였다고 할 것이다. 이러한 민족적 정서[47]는 한류에 녹아들어 문화 수입국에서 문화 수출국으로 성장할 수 있었으며, 나아가 세계인들의 문화 중심축으로 성장할 수 원동력이 되었던 것이다.

이렇게 형성된 한류는 세계인의 공감과 공유를 이끌어 낼 수 있는 문화를 만들었고, 그 안에 내재된 한국의 민족적 정서[48]가 남한과 북한 사람들의 민족적 동질성을 회복하는 효과적인 기제로 작용하여 통일에 대한 가능성을 높일 수 있을 것이다.

둘째, 한류는 이제 한국인만의 것이 아니라 세계인이 공감하고 향유하는 문화인 것이다. K-POP을 한국의 고유한 전통 문화라고는 할 수 없을 것이다. 그 안에는 한국의 민족적 정서와 서구의 다양한 문화가 결합하여 '글로컬(Glocal) 융합'으로 형성된 대중문화가 한류인 것이다.[49] 이는 한국의 대중문화가 다른 문화권과의 교류와 융합을 통해 한국의 대중문화산업이 더욱 풍부해졌고, 한류의 문화 발전을 가속화시킬 수 있는 효과적인 촉매제가 된 것이다.

이를 통해 북한 사람들에게는 민족 문화에 대한 자긍심과 잘 살고자 하는 인류 보편적인 삶의 가치를 인식하게 해준다고 하겠다. 북한 사람들이 한류 문화의 직·간접의 경험을 통해 통일에 대한 역량을 높일 수 있고, 인류 보편적인 삶의 가치와 의미를 추구하게 하는 인식의 변화를 꾀하여 통일의 가능성을 높이는 계기로 작용하게 되는 것이다.

이제 한류는 대중음악을 넘어 연극이나 공연, 패션, 게임, 애니메이션, 핸드폰, 자동차, IT , 의료 등으로 확산되어 보다 넓은 개념의 의미를 내포하기 시작하였다.

특히 한류는 엔터테인먼트 요소와 결합되면서 정치(politics)와 결합한 폴리테인먼트(politainment)라는 용어와 돌봄과 엔터테인먼트가 결합한 형태로 라이프케어테인먼트(lifecaretainment) 그리고, 치료(therapy)와 결합한 형태로 테라테인먼트(theratainment) 등으로 나타나고, 이러한 결합은 푸드한류와 뷰티한류, 패션한류, 보건한류라는 신조어까지 새로운 문화 현상으로 등장하고 있다.[50]

3. 북한에서의 한류 영향

지금까지의 국가 통일 정책은 주로 정치·군가·경제적 측면에서 진행되어 통일이 되어 왔다. 남한의 경제력과 북한의 노동력이 결합되어 경제적으로 많은 부가가치를 창출할 것이라는 논리가 지배적이었다. 그럼에도 불구하고 이러한 논의의 결과는 미미하다고 하겠다. 오히려 북한의 체제에 대한 보장 없는 실무회담이나 북한에 실질적인 도움이 없는 무조건적인 북한의 핵 포기 정책보다는 남·북 단일팀 구성이나 남·북 공동입장, 남한의 대중가수의 북한 공연 등이 문화적 교류가 국가의 대내외적으로 파급효과가 더욱 크다고 하겠다.

이는 통일의 과정에 있어서 정서적, 인식적 차원에서 체감할 수 있는 지속적인 교류를 통한 소통의 과정이 중요하다고 해야 할 것이다. 이러한 교류와 소통의 문화는 남한과 북한의 다수 사람 사이의 정서적 공감대를 형성시키고, 인식의 변화를 꾀하여 통일의 가능성을 높인다고 할 것이다.

그 가능성을 담고 있는 것이 문화적 측면의 한류인 것이다. 한류는 한국을 대표하는 국가브랜드가 되었다. 이러한 한류는 글로벌시대에 소프트파워가 국력의 또 다른 원천이 되어 국가 브랜드의 가치를 높이는 데 기여하고 있다.[51] 이제 한류의 표현은 대중문화의 인기를 넘어서 한국산 제품과 관광, 의료, 서비스 산업 등으로 광범위하게 넓어져서 그 영역을 확장시키고 있다.[52]

한류의 영향력은 북한에도 미치고 있다. 북한 정권의 감시와 통제가 일상화된 북한에서도 한류현상은 여러 경로를 통해 확인되고 있다.[53] 이는 북한의 탈북민들의 증언과 북한의 공식문헌에서도 남한 영상물 시청은 비사회주의 행위로 간주되어 단속의 대상이지만, 외부 정보와 문화를 강력하게 단속하고 통제를 넘어 남한의 영화, 드라마, 오락, 가요 등의 한류 프로그램은 다양한 경로를 통해 북한 내로 유입되어 은

밀하게 확산되고 있는 것이다.

이처럼 북한에서의 한류 경험은 남한을 새롭게 인식하고, 자유를 향한 삶의 변화를 잠시나마 경험하게 해 준다. 남한의 대중문화인 한류를 통해 제한적일 수 있지만 자유와 민주주의를 경험하면서 남북한 간의 거리를 좁힐 수 있는 긍정적 효과를 나타낼 수 있는 것이다.

또한 북한지역에 확산되는 남한의 드라마와 영화 시청은 남북한 주민들을 이어줄 수 있는 매개역할이 될 수 있다는 측면에서 의미다 있다. 북한 주민들의 남한의 대중문화 시청은 남북한 사람들 사이의 공감대를 형성하고, 남북한 북단의 거리를 좁히는 계기가 된다. 북한에서는 외래문화를 자본주의 '날라리풍', '부르주아 날라리풍' 등으로 부른다.[54]

그리고 북한에서의 한류현상은 단순히 남한 대중문화가 북한에 유입되는 현상에만 초점을 두는 것이 아니라 그 영향이 패쇄적인 북한 사회에 어떠한 파급효과로 작용할 것인가에 대한 의미로도 해석될 수 있다. 한류의 북한에서의 확산은 인류 보편적인 행복의 의미를 인식하는 데서 통일의 과정에 기여할 것이다.

북한에서의 한류는 장마당을 통해 거래가 이루어진다. 북한 장마당에서는 돈만 있으면 무엇이든 구할 수 있는 것으로 다양한 품목이 거래된다. 1990년대 중후반 식량난으로 인한 배급제의 붕괴는 북한 주민들의 삶을 바꾸어 놓았다.

기존의 농장이나 기업소에 출근해서 배급을 받던 생활에서 '장마당'을 통한 경제활동의 장이 마련된 것이다. 특히 장마당에서 거래하는 품목 중에 남한 영상매체 시청을 위한 녹화기나 수상기도 북한과 중국의 접경지역을 중심으로 밀수되어 북한 내륙으로 확산되고 있다. 녹화기와 수상기는 단속의 대상이 아니기 때문에 장마당 매대에 직접 내놓고 판매할 수 있다. 하지만 남한 영상물이 담긴 DVD는 불법이기 때문에 함부로 거래할 수 없다.[55)]

또한 장마당에서 DVD(알판)를 돈을 주고 직접 구입하는 경우도 있지만 하루나 이틀 단위로 빌려서 시청하는 경우가 많다.[56)] 이는 구입해서 보관하는 위험요소보다는 한 번 시청한 후 돌려주는 것이 더 안전하고 비용도 적기 때문이다.

남한 영상물을 직접 유통하다 단속에 적발되면 뇌물을 주고 사건을 무마하는 경우도 있지만, 시범사례에 걸리거나 특별기간 중에 단속되면 재산압수나 사형까지 당할 수 있다. 일명 '한국알' 이라고 불리는 남한 대중매체는 비록 이윤을 많이 남길 수 있는 품목이라도 처벌의 수위가 높기 때문에 단속을 피해 주로 친분이 있는 사람들끼리 은밀하게 거래가 이루어지고 있는 것이다.[57)]

장마당에서 유통되는 남한 영상물은 중국 접경지역에서 화교들이 대행역할을 하여 북한의 내륙지역까지 영향을 미치고 있다. 남한 영상물은 북한에서 인기품목이고, 많은 이윤을 남길 수 있기 때문에 밀수를 통해서 유통되고 있는 실정이다. 남한 영상물을 판매하는 상인들은 청진시, 나진시, 혜산시 등 국경무역을 하는 곳에서 상품을 구입한 후, 다른 지역에 가서 웃돈을 받고 판매하여 이윤을 남기기도 한다.[58)]

이 지역은 중앙당에서 파견한 단속원들이 집중적으로 단속하고 검열이 나와도 이미 아래에서부터 보위부나 안전부(국가안전보위와 인민보안부를 지칭)와 연계되어 조직적으로 뇌물을 상납하는 구조로 단속과 검열에 한계가 있는 구조라 하겠다.

또한 단속반원이 단속 과정에서 압수한 물품을 자신과 연계된 상인을 통해서 재판매하기도 하며, 중앙에서 파견 나온 단속원들을 지방 간부들이 서로 결탁하여 따돌리거나 뇌물로 매수하는 경우도 있어서 북한에서의 남한 영상물 단속은 제대로 이루어지지 않는다고 볼 수 있다. 북한 주민들의 남한 영상물 시청은 주로 남한과 가까운 접경지역과 동해안 근처 일부지역을 중심으로 이루어지며, 시청방법은 TV를 통해 남한 방송을 직접 시청하는 방식과 DVD 및 노트텔(중국산 EVD 플레이어) 등 저장매체를 통해 시청하는 형태이다.[59]

북한의 TV 시청은 북한당국에 등록하고 검열을 통해 조선중앙TV 채널을 고정하는 봉인지를 붙이고 사용된다. 하지만 북한 주민들은 별도의 중국산 TV를 숨겨두고 남한의 방송이나 중국의 방송을 시청한다. 이는 남북한의 컬러TV의 수신방식이 NTSC와 PAL 방식으로 차이가 있는데 중국산은 겸용이 가능하기 때문이다.

무엇보다 남한의 영상물이 북한에 확산되는 배경에는 영상물을 시청할 수 있는 재생장치를 통해 유통이 활발히 이루어지고 있다는 것이다.[60] 남한 방송을 직접 수신할 수 없는 내륙지역은 북한에서 '알판'이라 불리는 DVD를 통해 영상을 시청하고, 특히 남한 영상물이 본격적으로 유입되기 시작한 2000년대 초반 무렵에는 CD와 DVD 등의 영상을 재생할 수 있는 저가의 중국산 EVD(Enhanced Versatile Disc) 플레이어가 주로 유통되고 있다.

EVD 플레이어는 미국이 주도한 비디오 압축기술인 DVD를 대체하기 위해 중국이 개발한 새로운 포맷의 영상기술 방식이다. EVD 플레이어의 장점은 CD와 DVD 영상 재생은 물론 최근 파일저장 매체로써 주로 사용되기도 하고, USB를 통해서 직접 재생할 수 있다는 점이다.

그리고 USB는 휴대가 간편하고 무엇보다 북한 당국의 검열을 피할 수 있다는 장점으로 북한 주민들이 선호하고 있다. 북한에서 USB의 확산은 콘텐츠 파일의 공유를 위한 네트워크의 형성이라는 점에서 의미가 있다. 무엇보다 EVD 플레이어는 게임도 할 수 있는 단자가 내장되어 있어 다양한 대중매체를 접할 수 있는 기기로 활용도가 높다.

이전에는 북한에서 '밴또'라 칭하는 VHS(가정용 비디오테이프 레코더 방식)[61]가 유통되었지만 북한에서 이 비디오테이프는 일반 주민들보다는 간부들을 비롯한 특권계층에 한정되었다.

또한 이러한 남한 영상물은 시장에서 많은 이익을 남길 수 있는 상품으로 가치가 높아지면서 북중 접경지역의 비공식 거래와 '장마당'을 통해[62] 북한 내부로 확산되고 있다. 이러한 과정에서 가까운 사람들끼리 이를 돌려보거나 바꿔 보기도 하고, 남한 영상물을 단속하는 검열원이나 단속원이 압수한 물건을 자신의 친척이나 지인들과 돌려보거나 전문 상인들과 결탁하여 재판매하며, 조직적으로 연계된 상인에게 돈을 받고 판매하는 경우도 있다.[63]

그리고 북한에서는 다양한 경로를 통한 남한 영상물의 취득과 뇌물을 통한 정보 거래가 이루어지면서 북한 군대 내에서도 다양한 계급과 군인의 가족들, 종업원들까지도 남한 영상물을 시청하는 것으로 확인된다.[64]

북한 당국은 남한의 영상물 시청을 비사회주의 행위와 제국주의 사상문화로서 북한 주민들의 사상을 약화시키는 요인으로 간주하고 있다. 그래서 남한 영상물에 대한 시청과 유통을 강력히 단속하고 있다. 여기에 북한 당국은 외래문화의 유입으로 인한 북한 청년들의 사상약화를 강조하고 있다. 특히 동유럽 사회주의 국가들의 붕괴과정은 청년들의 외래문화로 인해서 사상 문화적으로 흔들린 것이 주요한 원인으로 인식하기 때문이다

무엇보다 북한에서 남한의 영상매체를 통해 한류를 접한 북한 이탈주민들은 북한 당국의 사상교육과는 다른 남한의 모습을 새롭게 알게 된다. 북한 당국은 주민들에게 남한을 '미제국주의 식민지', '헐벗고 굶주린 사회', '썩고 병든 자본주의' 등으로 선전해 왔다.[65]

그런데 남한 영상물을 통해 알게 되는 남한의 모습은 북한 당국에서 교육하는 내용과는 전혀 다른 모습인 것이다. 남한 영화와 드라마 내용에 몰입하면서 등장인물의 상황이나 정서에 공감하는 동시에 남한에 대한 거부감이 수그러들고 내용에 동화되는 과정을 볼 수 있다. 북한에서 영화나 드라마는 사회주의 혁명과 지도자에 대한 충성을 이끌어 내기 위한 수단으로써 제작되지만, 남한 영상물은 북한 주민들도 쉽게 이해할 수 있는 생활 속 소재로 삶과 관계된 남녀의 사랑과 가족의 사랑, 자신의 노력과 성취감 등에 대한 이야기를 주제로 다루고 있기 때문이다.

이를 통해 북한 사람들은 남한은 잘 사는데 우리는 왜 이렇게 못 사는지, 이렇게 못 사는 이유가 다 지도자 때문은 아닌지, 나는 왜 일한 만큼 다 가져갈 수 없는지 등[66]에 대한 북한의 현실을 보는 새로운 시각이 생겨나는 것이다.

특히 주목할 것은 북한의 새로운 세대를 지칭하는 용어로 '장마당

세대'라는 말이 있다.[67] 1990년대 중후반 북한의 심각한 경제난 속에서 북한 당국이 내세웠던 무상교육, 무상의료, 무상배급이라는 복지체계는 제대로 가동되지 못했던 시기 전후를 통해 출생한 세대를 장마당 세대라고 한다. 이러한 장마당세대의 경우 북한의 공교육 구조의 붕괴로 인해 체계적인 사상교육을 제대로 습득하지 못한 세대라고 할 수 있다.[68]

이들은 이전 세대에 비해 국가나 지도자에 대한 충성도가 상대적으로 약화된 세대인 것이다. 이러한 장마당세대는 남한 영상물에 동화되어 기성세대와 자신들을 구별하려는 성향, 또래집단을 중심으로 동류의식을 지향하려는 특성을 가지고 남한 영상물을 함께 모여서 시청하거나 내용을 공유하며 모방하는 형태로 나타나고 있다.

특히 청소년기에 모방하려는 특성상 이들은 남한 영상물에 대한 통제가 가해진다 해도 대담하게 반복 시청을 하고, 남한 말투를 따라하거나 헤어스타일을 바꾸고, 한국 대중가요를 따라 부르는 것이 또래에서 우월감을 나타낼 수 있는 행동 중에 하나인 것이다. 심지어 남한 영상물을 시청한 청소년들은 의식이 '깼다'고 표현된다.[69]

이처럼 이들이 남한의 한류 영상물은 파급효과가 클 것이며, 향후 남북한 통일과정에 중요한 역할을 할 가능성이 높다. 더욱이 남한의 한류 영상을 통한 이들의 의식변화는 향후 통일 역량을 높이는 측면에서 의미를 가진다.

그렇다고 북한에서의 한류가 남북한 주민들의 인식변화와 통일에 긍정적인 영향만 미치는 것은 아니다.[70] 남한 영상물의 폭력성과 선정성 등은 한국의 대중문화 수용에 있어 제약을 받는 북한 주민들에게 남한에 대한 왜곡된 상을 심어줄 수 있다. 이는 북한에서 남한 미디어를 시청하는 과정에서 부정적 인식[71]을 가져올 수 있기 때문이다.

먼저 배금주의 측면에서 살펴볼 수 있다.[72] 남한 영상물을 통해 북한 주민들에게 남한 사람들은 돈을 위해서라면 못하는 짓이 없는 사람들이라는 인식을 심어줄 수 있다는 것을 의미한다. 이러한 인식 과정에서 북한 당국이 남한에 대해 교육하는 사상교육의 내용이 '확인' 되면서 '강화' 되는 측면이 발생하는 것이다.

북한 정권은 남한 사회에 대해 '지주 자본가들이 판치는 사회' 라는 부정적인 내용의 교육이 각인된 상황에서 남한의 드라마와 영화에 등장하는 특정 내용이 부각되면서 남한 전체사회에 대한 부정적 이미지가 강화되는 것이다. 이는 이제까지 교육받은 자본주의 사회에 대한 부정적 내용들이 한류를 통해 재확인되고 있음을 의미한다.

두 번째로 폭력성 측면에서 살펴볼 수 있다. 남한의 한류 드라마와 영화에 '깡패', '조폭' 등이 자주 등장하면서 남한 사회에 대해 정서적 두려움과 함께 폭력적인 사회라는 인지가 강화된다 하겠다.[73] 남한 사회 전체를 폭력성이 짙은 사회로 규정짓는 인지틀이 형성되어 북한에서의 사상교육 내용이 교차되면서 남한에 대한 폭력적 사유가 확대 강화될 수 있는 것이다. 즉, 남한사회가 '무서운 세상' 으로 인식되어 남한 사회 전체에 대한 부정적 이미지로 각인될 수 있는 것이다.

세 번째로 인간관계 측면에서 살펴볼 수 있다. 북한의 다양한 경로로 확보된 남한의 드라마를 통해 북한 사람들은 아들에 대한 집착이나 며느리에 대한 학대 등의 가정 파괴의 내용, 사랑하거나 결혼하고도 외도하는 등의 드라마는 한국사회를 인류 도덕 윤리가 부패되어가는 막장 사회로 볼 수 있게 한다. 이러한 남한 사회의 이미지는 북한 정권이 교육하는 자본주의 부패 등으로 나타나는 사회현상으로 비춰질 수 있어 남한에 대한 부정적 측면을 강화하게 하는 것이다.

그러나 이러한 부정적인 현상들에 대한 이미지는 또 다른 한류 영상을 접하면서 '남한 따라하기' 등을 통해[74] 남한에 대한 새로운 인식변화를 갖게 하기도 한다. 그 예로 〈대장금〉이나 〈올인〉 등을 통해 주인공의 노력으로 모든 것을 성취하고 진실이 밝혀지는 모습과 자신의 감정을 진실하게 드러내는 배우들의 모습을 볼 때 남한 사회에 대한 부정적 인식을 상쇄시킬 수 있는 것이다.[75]

이와 같이 남한의 영화, 드라마 등에 대한 반복 시청을 통해 북한에서 교육받은 남한 자본주의의 폐해를 재확인하기도 하지만, 성공과 진실 등의 남한에 대한 새로운 이미지가 형성되기도 하여 남한에 대한 인식이 재정립된다 하겠다. 무엇보다도 이러한 기능적인 현상들은 남한과 북한의 대중들이 서로를 어떻게 인식하고 있는가에서부터 출발하는 것으로 한류가 그 역할을 감당하고 있다. 북한에서의 한류 경험은 다양한 경로를 통해 밀수와 뇌물의 과정을 거쳐 북한의 내륙으로까지 퍼져 나가고 있는 현실이다.

지금의 한류 영향력을 볼 때 북한에서의 한류는 긍정적인 요인이 크다 하겠다. 더욱이 북한 사람들의 한류에 대한 간접경험은 인간으로서의 삶을 고민할 것이며, 향후 통일에 대한 열망으로 작용될 가능성이 높은 것이다.

그럼에도 불구하고 한류의 확대로 인한 아시아의 반(反)한류의 현상에 비추어 볼 때 남한에 대한 부정적 인식은 통일을 위한 남북한 통합과정에서 역작용이 될 수 있다는 점을 고려해야 할 필요가 있다. 따라서 북한 내 한류현상을 어떻게 긍정적인 방향으로 정착시킬 것인가를 고민하고, 통일에 기여하는 문화콘텐츠의 개발과 활용에 대해 더욱 고민해야 할 것이다. 또한 이는 남한의 문화에 대한 문화 일방주의로 빠질 위험도 있는 것이다. 이를 위해서는 남한에서 북한을 이해하기 위한 다양한 방법이 모색되어야 할 것이다.

무엇보다도 문화는 형체가 없이 공유되어지고, 지속적이라는 특성상 완전한 통제는 어려운 것이다. 북한에서 남한의 한류를 따라하는 것은 일상의 변화를 넘어 북한 정권에 대한 불만과 자신들이 살고 있는 체제에 대한 회의감으로 연결될 가능성이 크며, 나아가 통일에 대한 동력으로 작용될 가능성을 담아내고 있는 것이다.

4. 통일 과정에서의 한류의 의미

북한에서의 한류는 남한을 이해하는 중요한 요인으로 작용할 것이다. 이는 단순히 서로에 대한 이해를 넘어 인식의 변화를 꾀할 수 있는 것이다. 그러므로 통일을 위한 한류의 가치와 의미는 크다고 할 것이다. 이러한 측면에서 먼저 통일의 과정에서 한류는 민족적 정서에 대한 공감과 공유로 남북한의 동질감을 이끌어 내고, 민족적 자긍심을 불러 일으켜 통일을 지향하는 인식의 변화를 마련해 준다.

현재 한류의 인기는 세계적으로 확대되어 K-POP, K-방역, K-보건 등으로 확장되면서 한국의 브랜드 가치[76]를 높이는 동시에 한국의 문화를 바라보는 긍정적인 기능을 하고 있다. 이러한 긍정적 이미지는 한류의 경험을 통해 북한 사람들로 하여금 문화적 동질성을 재확인시켜주어 민족적 자긍심을 불러일으킬 수 있는 것이다.

그러므로 한류를 통한 통일의 이상을 갖게 하여 통일 이후를 위한 인식을 갖게 해 준다. 이를 위해서는 다양한 통일과 관련해서 한류 문화콘텐츠를 지속적으로 개발하고, 다양한 방법과 루트를 통해 북한 사람들이 경험할 수 있게 정책적으로 병행할 필요가 있다. 이를 통해 한류는 북한 주민들로 하여금 잘 살고자 하는 삶의 인식의 변화를 이끌어 내어 통일을 지향하게 하고, 나아가 인류 보편적 가치를 이끌어 낼 수 있는 것이다.

결국 통일과 관련한 한류 콘텐츠는 남한 사람들의 북한에 대한 인식의 변화와 북한 사람들의 남한 사회에 대한 인식변화[77]를 통해 서로에 대한 동질감을 회복하여 통일에 대한 의지와 역량을 높인다는 점에서 가치가 있는 것이다.

다음으로 한류는 북한사회를 점진적으로 변화시키는 중요한 요인으로 작용될 수도 있다는 점에서도 중요한 의미가 있다. 동독과 서독의 사례[78]에서 나타나듯이 지속적인 문화교류와 소통의 과정들은 통일을 위한 중요한 과정인 것이다. 이는 문화가 가지는 속성상 형태가 없고, 변화가 다양하며, 학습되어지고, 사회화되는 과정에서 한류를 통한 통일의 접근을 점진적으로 다양화시킬 수 있는 것이다.

북한 당국의 한류에 대한 통제와 단속은 북한 사람들에게 호기심과 궁금증의 욕구로 인해 한류 문화를 확산하는 요인이 될 수 있다. 특히 장마당에서 인기 있는 남한의 한류 영상물은 중국에서 유입된 저가형

디지털제품과 북한과 중국의 접경지역에서 내륙으로 연결되는 밀수 연계망 등을 볼 때 한류 문화에 대한 통제와 단속이 한계가 있음을 나타낸 것이라 하겠다.

결국 한류는 북한에서 남한을 이해하는 중요한 요인으로 작용되어 통일에 대한 가치와 의미를 부여해 준다고 하겠다. 그러므로 한류는 통일을 위한 의지와 역량을 높일 수 있는 가치를 내재하고 있고, 북한 사회를 변화시킬 수 있는 요인으로 작용하여 목표를 이룰 수 있는 촉매제의 역할을 한다고 하겠다.

5. 나가는 말

남북한의 통일은 서로에 대한 일상과 마음을 이해하고, 공통의 인식적 기반을 만들어 가는 것이 가장 중요하다. 이에 남북한이 함께 잘 살기 위해 만들어가야 할 인류 보편적인 문화를 공감하고 공유하면서 실질적인 교류를 지속적으로 만들어가는 문화가 중요한 것이다.

그러나 북한의 예측 불가능한 국제적 · 군사적 · 외교적인 다양한 돌발변수들은 통일에 대한 한계를 갖게 한다. 그러므로 본 연구는 한국이 추진하던 다양한 통일 정책은 별다른 실효성을 거두지 못하는 현실에서 새로운 대안을 필요로 하게 된다는 문제의식에서 출발한다.

이를 위한 방법으로서 한류의 가치와 의미에 대하여 살펴보고자 하였다. 그 내용을 요약한다면 먼저 한류는 통일을 위한 방법으로서의 가치와 의미를 담아내고 있는 것이다. 현재의 한류는 한국의 대중문화를 지칭하는 문화현상을 지칭하고, 세계인이 공감하고 공유하는 문화로써 성장하고 있는 영향력을 갖는다는 점에서 북한도 예외일 수 없다는 입장에서의 접근인 것이다.

다음으로 한류는 북한의 많은 사람들이 다양한 방식으로 경험하고 있다는 것이며, 이를 통해 북한 사람들의 인식변화와 통일에 대한 역량과 가능성을 높인다고 하겠다.

마지막으로 문화로서의 한류에서 나타난 한국적 또는 민족적이라는 속성은 통일의 관점에서 매개역할을 하고 있음을 파악할 수 있었다. 즉, 한류가 지속되기 위해서는 민족이라는 입장이 보편이라는 문화의 이해 측면에서는 한계를 지닐 수 있었다.

그러나 한반도에서의 민족이라는 의미는 한반도의 역사적 전통의 과정에서 나타난 외부의 침략과 침입으로부터 우리 것을 지키려는 민족적 정서가 담겨 있다. 이러한 민족적 정서를 담아낸 것이 한류이며, 이는 북한과의 연결 관계에서 통일을 위한 중요한 매개역할을 가능하게 하는 것이다.

이상을 통한 결론을 정리하여 볼 때 먼저 한류의 가치측면에서 한류는 인류 보편적인 가치를 나타내어 북한 사람들로 하여금 삶에 대한 인식의 변화를 추구하게 한다는 것이다. 지금의 한류는 한국의 역사문화적 전통을 기반으로 한국의 발달한 IT문화, 세계적인 다양한 대중매체의 영향으로 형성된 문화현상이다.

여기에 세계인이 공감하고 공유하는 이유는 인류 보편적인 가치인 사랑, 협력, 잘 사는 삶 등을 이전의 문화와는 다른 방식의 한국적 특색으로 해석하여 담아내고 있는 것이다. 이러한 영향관계에서 북한 사람들 또한 한류의 영향으로 삶의 의미를 되돌아보게 하고, 삶에 대한 인식의 변화를 이끌어 내어 통일에 대한 가능성을 높인다고 하겠다.

다음으로 한류의 의미측면에서 한류는 민족적 정서를 내재한 문화로서 통일의 역량을 높여준다. 한류에 내재하고 있는 민족적 정서는 현재 북한과의 갈등관계와 오랜 분단 상황에 따른 이질감을 극복하게 하는 매개 역할을 하여 민족적 동질감을 이끌어 내게 하는 것이다.

또한 한류의 세계적 영향력 확대로 인해 민족적 자긍심을 높이게 하여 통일을 위한 원동력으로 작용하여 통일의 역량을 높일 수 있는 것이다.

그럼에도 불구하고 본 연구에서 한계를 갖는 것은 반(反)한류 현상에서 나타나듯이 문화일방주의로서 치우칠 소지가 있는 입장을 배제할 수 없는 측면에서 북한 문화의 이해에 대한 국내의 다양한 접근의 연구가 필요하다고 본다. 또한 북한의 천안함 포격 등과 같은 다양한 돌발변수에 대한 한계를 갖는다고 하겠다.

이러한 입장에서 제언을 한다면 북한의 다양한 돌발변수에 대해 탄력적이면서 다각적인 접근에 대한 연구가 필요할 것이며, 무엇보다도 북한을 자극하기보다는 대화를 통한 교류의 장(場)으로 나올 수 있는 다양하고도 전략적 접근의 후속연구가 요구되어진다고 하겠다.

통일은 좁은 의미에서 남한과 북한이 하나 되는 것으로 볼 수 있겠지만 넓은 의미에서는 세계인에게 인류 보편적 가치와 의미를 담아내는 문화적 상징성을 담고 있다. 여기서 한류는 통일에 기여하고 통일을 통해 한류가 한층 성장되는 것으로 서로가 업그레이드 될 수 있는 상생(相生)의 문화를 나타내고 있는 것이다.

주(註)

1) 이 글은 저자의 동의하에 「통일과정에서의 한류의 의미와 가치」논문을 수정·보완하였습니다.

2) Galtung Johan & David Baronov(2004). *Transcend and Transform: An Introduction to Conflict Work Paper back*, NY: Paradigm Pub.

3) 박정란(2008). 역대 정부의 통일·대북정책: 쟁점과 과제. 사회과학연구, 32(2), 전북대 사회과학연구소, 87-88; 김영수(2011). 북한의 딜레마와 미래, 법문사: 364.

4) 최대석(1996). 남북한 교류협력의 새로운 방향 모색. 한국정치학회, 한국정치학회보, (29): 249-260.

5) 주승현(2019). 탈북민을 통한 통일교육의 변천과정과 개선 방안. 건국대학교 인문학연구소, 통일인문학: 71-80.

6) 김용우·박경귀(2000). 기능주의의 관점에서 본 남북경제공동체의 건설가능성. 한국정책과학학회, 한국정책과학학회보, 4: 23-52.

7) 이정우(2018). 통일정책의 전개와 남북한 현상공간의 변화. 한국 동북아논총, 23.

8) 임석준·강동완·김현정(2014). 한류 연구의 동향과 과제. 북한학연구 10, 참조.

9) 이교덕·임순희·조정아·이기동·이영훈(2009). 새터민의 증언으로 본 북한의 변화. 통일연구원, 참조.

10) 강동완(2014). 북한의 한류현상과 사회변화. 북한연구소: 31-36.

11) 박정란·강동완(2012). 북한주민의 남한 미디어 수용과 왜곡된 남한 상(像). 통일연구원, 통일정책연구, 21, 참조.

12) 강동완, 박정란(2014). 북한주민의 통일의식 조사 연구. 통일연구원, 통일정책연구, 23, 참조.

13) 조지프 S.나이(Joseph S. Nye, Jr), 홍수원 역(2004). 소프트 파워. 세종연구원, 참조.

14) 전영선(2006). 남북관계 변화에 따른 통일문화콘텐츠 개발 필요성과 방향. 한민족문화연구, 18: 23-47.

15) 전희락, 박종렬(2013).북한에서의 한류 확산과정에 대한 연구. 평화학 연구 14, 참조.

16) 김용우, 박경귀(2000). 위의 책, 참조.

17) 2020년 문재인 대통령 8.15 광복절 경축사.

18) 1991년12월 제5차 남북고위급회담에서 『기본합의서』를 채택함으로써 관계 제도화를 위한 기본 틀을 만들었다. 특히 제16조는 "남과 북은 과학 기술, 교육, 문학, 예술, 보

건, 체육, 환경과 신문, 라디오, 텔레비전 및 출판물을 비롯한 출판보도 등 여러 분야에서 교류와 협력을 실시한다"는 내용을 포함하고 있어 남북한 간의 문화분야 교류 · 협력의 활성화를 위한 제도적 장치를 마련하고 있다. 그리고 제6차 남북고위급회담(1992.2.19.)에서 『기본합의서』가 발효됨에 따라 남북한 양측은 남북 교류 · 협력분야에 관한 합의의 이행과 준수를 위한 구체적 대책을 논의하여 1995년 5월에는 『기본합의서』 제22조 "남과 북은 경제와 문화 등 각 분야의 교류와 협력을 실현하기 위한 합의의 이행을 위하여 이 합의서 발효 후 3개월 안에 남북경제교류 · 협력공동위원회를 비롯한 부문별 공동위원회를 구성 · 운영한다"에 따라 각 분야의 교류 · 협력을 실행하기 위한 합의의 이행을 위해 「남북교류 · 협력 공동위원회가 구성 · 운영에 관한 합의서」가 채택 · 발효되었다. 이에 따라 남북한 교류의 추진을 위한 공동기구로서 「남북사회문화교류 · 협력 공동위원회」가 발족되었다. 김성재(2004). 6.15남북공동 선언과 한반도 평화. 한신대학교 신학사상 연구소, 신학사상 125: 29-32.

19) Berry, J. W.(1992). Cross-cultural psycbology : Researcb and application. *New York : The Cambridge University Press*, 178.

20) Taylor, S. E.(1989). Social comparison activity under threat : Downward evaluating and upward contacts. *Psychologyical Review*, 96: 569-575.

21) 이기상(2011), 문화콘텐츠 학의 이념과 방향—소통과 공감의 학. 인문콘텐츠학회. 인문콘텐츠, 23: 9-40.

22) 원승룡(2007). 문화이론과 문화철학. 서광사: 24.

23) N. 엘리아스, 문미애 역(1996). 문명화과정 I. 한길사: 172.

24) 원승룡(2007). 위의 책, 참조.

25) 원승룡(2007). 위의 책, 참조.

26) 정갑영(1993). 우리나라 문화정책의 이념에 관한 연구. 한국문화정책개발원, 문화정책논총, 5: 60.

27) 정갑영(1993). 위의 책, 참조.

28) 원승룡(2007). 문화이론과 문화철학. 서광사: 45-49.

29) 김완균, J. G(2007). 헤르더의 민족(nation) 개념 이해. 독어교육, 39: 183-207; 헤르더, J. G., 강성호 옮김(2002). 인류 역사 철학에 대한 이념. 책세상, 참조.

30) 아놀드, 매튜, 윤기관 옮김(2006), 교양과 무질서. 한길사, 참조.

31) 윌리엄스 레이먼드, 설준규, 송승철 옮김(1984). 문화사회학. 까치글방, 참조.

32) 윌리엄스 레이먼드, 성은애 옮김(2008). 기나긴 혁명(The Long Revolution). 문학동네, 참조.

33) Tylor, Edward B.(1871). Primitive Culture: Researches into the Development of Mythology, Philosophy. Religion, Language, Act and Custom, Vol. 1 London, John

Murray Publishers, 참조.

34) Horton, Paul B & Chester L. Hunt(1968). Sociology, *New York*, McGraw-Hill: 49-53.

35) Marvin, E. Olson(1968). The Process of Social Organization, New York: Holt, Rinehart and Winston: 54-57.

36) UNESCO(1983). Participation in Cultural Activities: Three Case Studies: 11-12.

37) Kellerman, L.(1968). The Cultural Dimension of Development. UNESCO: 9.

38) 새뮤얼 헌팅턴, 이희재 옮김(1997). 문명의 충돌. 김영사: 243.

39) 에드워드 사이드, 김성곤, 김정호 옮김(2011). 문화와 제국주의. 창: 41.

40) 주강현(2001). 통일문화형성에서 민족 중심의 다원성 모색: 통일문화학과 민족문화의 제관계를 중심으로. 통일문화학회, 통일과 문화, 1: 11-34.

41) 허진, 이치한(2002). 한류현상과 한.중 문화교류. 한국지역발전학회, 자역발전연구, 2(2): 67-79.

42) 조용기, 윤기봉(2016). 신한류와 다문화현상에 대한 대순사상의 문화적 접근. 한국엔터테인먼트산업학회논문지, 10(6): 152-155.

43) 조용기(2015), 반한류에 대한 대순사상의 접근, 한국엔터테인먼트산업학회논문지, 9(4): 25.

44) Rosen, S.(1981), "The Economics of Superstars", American Economic Review 71: 845-858.

45) 최광식(2013). 한류로드. 나남출판사, 참조.

46) 박치완(2009). 글로컬문화콘텐츠, 어떻게 그리고 왜?. 한국외국어대학교출판부, 참조.

47) 송갑준(2006). 한국사상의 특성과 한류. 대동철학회, 대동철학, 37: 148-157.

48) 김정수(2014), 위의 책, 참조.

49) 전희락, 박종렬(2013). 북한에서의 한류 확산과정에 대한 연구. 평화학연구, 14: 270-273.

50) 김흥태외 3인(2017). 엔터테인먼트 용어 정의 및 분과별 적용 범위. 한국엔터테인먼트산업학회 학술대회발표논문집: 17-43.

51) 유상철 외(2002). 한류의 비밀: 소프트파워, 소프트 코리아의 현장을 찾아서. 생각의 나무: 24.

52) 국제문화산업교류재단(2008). 한류 포에버. 국제문화교류재단, 참조.

53) 임석준 외 2인(2014). 한류연구의 동향과 과제. 북한학연구, 제10(2): 45-48.

54) 통일연구원(2011). 주간통일정세, 34: 2.

55) 강동완, 박정란(2010). 남한 영상매체의 북한 유통경로와 영향: 지역간 · 대인간 연결구조 분석을 중심으로. 통일정책연구, 19.

56) 강동완(2015). 북한에서의 한류 현상: 그 의미와 영향. 통일부 통일교육원: 25-28.

57) 강동완(2015). 위의 책, 참조.

58) 강동완(2014). 북한으로의 외래문화 유입현황과 실태―제3국에서의 북한주민 면접조사를 중심으로. 건국대학교 인문학 연구원, 통일 인문학: 65-75.

59) 강동완(2015). 북한에서의 한류 현상: 그 의미와 영향. 통일부 통일교육원: 30.

60) 강동완(2015), 위의 책, 참조.

61) 통일교육원(2013), 북한 지식사전, 서울, 통일 교육원, 참조.

62) 강동완(2014). 북한으로의 외래문화 유입현황과 실태―제3국에서의 북한주민 면접조사를 중심으로. 건국대학교 인문학 연구원, 통일 인문학.

63) 강동완, 박정란(2010). "남한 영상매체의 북한 유통경로와 영향: 지역간·대인간 연결 구조 분석을 중심으로," 통일정책연구 19.

64) 강동완(2015), 위의 책, 참조.

65) 이교덕 외 4인(2009). 위의 책, 참조.

66) 강동완(2015). 앞의 책, 참조.

67) 강동완(2013). 북한 신세대문화, 어디까지 왔나. 북한연구소: 94-99.

68) 강동완, 박정란(2012), 한류, 통일의 바람: 아랫동네 날라리풍. 명인문화사: 349.

69) 강동완, 박정란(2012), 위의 책, 참조.

70) 윤인진(2012). 북한이주민의 문화변용과 사회적응. 한국학연구, 41.

71) 강동완·김현정(2015). 북한 군대 내 남한 영상물 시청 실태 및 북한 정권의 대응. 통일과평화, 7.

72) 박정란·강동완(2012). 북한주민의 남한 미디어 수용과 왜곡된 남한 상(像). 통일정책연구 21, 참조.

73) 윤선희(2011). 북한 청소년의 한류 읽기: 미디어 수용에 나타난 문화 정체성과 사회 변화. 한국언론학보 55.

74) 강동완(2015), 앞의 책, 참조.

75) 박정란·강동완(2012), 앞의 책, 참조.

76) 김정수(2014), 앞의 책, 참조.

77) 강동완, 박정란(2014). 북한주민의 통일의식 조사 연구. 통일정책연구, 23.

78) 정연택(2003), 앞의 책, 참조.

참고문헌

평화와 평화이해 _김승남

요한 갈퉁, 강종일 외 역,『평화적 수단에 의한 평화』, 서울: 들녘, 2000.

David Hicks, 고병헌 역,『평화교육의 이론과 실천』, 서울: 서원, 1993.

이찬수,『평화와 평화들』, 서울: 모시는 사람들, 2016.

고병헌,『평화교육사상』, 서울: 학지사, 2006.

김남철,「역사교육에서의 평화교육의 모색」,『역사교육연구』Vol. 2, 2005.

김진호·오상준,『평화 리더쉽』, 고양: PNC미디어, 2014.

김수민,「제2차 남북정상회담의 이후 한반도 평화의 조건」,『평화학연구』제8권, 2007.

하영선,「근대 한국의 평화 개념의 도입사」,『21세기 평화학』, 서울: 풀빛, 2002.

통일교육원,『평화교육의 개념과 내용체계에 관한 연구』, 서울: 통일교육원, 2007.

최관경,「평화와 평화교육」,『교육사상연구』14집, 2004.

변종헌,「다중 시민성과 시민교육의 과제−제주특별자치도를 중심으로」,『초등도덕교육』제21집, 2006.

변종헌,「평화문화 창출을 위한 평화교육의 방향과 과제」,『윤리연구』

제120호, 2018.

박보영, 「평화역량 강화를 위한 교육 방안의 탐색」, 『교육사상연구』제
23권, 2009.

_____, 「평화교육의 관점에서 본 통일교육」, 『미래교육연구』제17권
제2호, 2004.

_____, 「평화적 사유를 통한 교육 이해의 지평」, 『미래교육연구』제18
권 제1호, 2005.

장은주, 「한반도 평화교육:한반도 평화체제를 위한 교육적 준비」, 『동
서철학연구』95호, 2020.

홍용표, 「평화문화와 지속가능한 평화」, 『문화와 정치』제5권 제2호,
2018.

심성보, 『민주시민교육』, 서울: 살림터, 2011.

이희승, 『국어대사전』, 서울: 민중서림, 1997.

이삼열, 『평화의 철학과 통일의 실천』, 서울: 햇빛출판사, 1991.

오인탁, 「유아기 평화교육, 어떻게 할 것인가?」, 『열린유아교육학회』
2002년 봄학술대회 자료집, 2002.

Macquarrie J., 『The Concept of Peace』. London: SCM Press Ltd,
1973.

유교의 평화사상 _ 이석주

『도덕경』, 『논어』, 『맹자』, 『순자』, 『예기』, 『중용』

김충렬, 「道家의 平和思想」『한반도평화론』, 1989.

단옥재, 『說文解字』, 상해고적출판사, 1988.

서세영, 「유가철학에서 전쟁의 의미와 도덕적 지향」『한중인문학회국
　　　제학술』11집, 2018.

송영배, 「儒敎의 '理想的社會觀'과 平和의 倫理」『유교사상문화연구』
　　　11집, 1999.

시린 에바디, 『2009 문명과 평화』, 지문당, 2010.

윤사순, 「韓國儒學의 平和思想」『한반도평화론』, 1989.

윤지원, 「선진유가 전쟁관에 대한 소고」『유교사상문화연구』74집,
　　　2018.

이서행, 「한국사상의 평화이념 고찰」『평화학연구』1호, 2004.

이석주, 「충서(忠恕)와 정보철학−구성주의의 관점에서−」『철학.사
　　　상.문화』33호, 2020.

이석주, 『나도 노인이 된다』, 고반, 2020.

이호재, 『한반도평화론』, 법문사, 1989.

村瀨裕也, 『東洋の平和思想』, 青木書店, 2004.

증산의 평화사상 _김영주

『전경』

김명희, 「종교 · 폭력 · 평화−요한 갈퉁의 평화이론을 중심으로」, 『종
　　　교연구』제56호, 한국종교학회, 2009.

김영주, 「대순진리회에 있어서의 치유와 화합」, 『원불교사상과 종교문화』제70집, 원광대학교 원불교사상연구원, 2018

_____, 「증산 강일순의 신선사상」, 『철학·사상·문화』제10호, 동국대학교 동서사상연구소, 2010

대순종학교재연구회, 『대순사상의 이해』, 1998

박광수, 「한국 사회의 평화구축과 종교역할」, 『한국종교』제44집, 원광대학교 종교문제연구소, 2018

박원재, 「장자, 죽음은 삶과 평등하다」, 정동호 외, 『철학, 죽음을 말하다』, 서울: 산해, 2005

윤재근·김영주, 「우리시대 양극화 현상 극복을 위한 대순진리회 종교교육의 역할과 전망」, 『종교교육학연구』제52권, 한국종교교육학회, 2016.

_____, 「갈등치유와 대순진리회의 종교교육」, 『종교교육학연구』제57권, 2018.

윤원근, 『동감의 사회학』, 서울: 문예출판사, 2002

이명권, 「종교와 평화 그리고 통일―종교적 화합을 통한 통일전략」, 『종교연구』제79집 2호, 한국종교학회, 2019.

이석주·김영주, 「『전경』의 악(樂)적 요소를 통해 본 증산의 조화사상」, 『철학·사상·문화』제26호, 동국대학교 동서사상연구소, 2018.

이윤미, 「현대신유가를 통해 바라본 현대 유교」, 『2014년 춘계한국종교학대회 자료집』, 서울: 한국종교학회, 2014.

이찬수, 「평화적 복지와 종교적 심층」, 『종교문화비평』37, 한국종교문화연구소, 2020.

_____,「평화다원주의와 한반도 감폭력의 정치」, 2020대진통일콜로 키움 미간행 자료집, 2020.

_____,『평화와 평화들』, 모시는 사람들, 2016.

정주진,『세상의 평화 나의 평화』, 대한기독교서회, 2012.

정진홍,『경험과 기억』, 서울:당대, 2003

요한 갈퉁,『평화적 수단에 의한 평화』, 이재봉 역, 들녘, 2000.

홍범초,『증산교개설』, 1982

대순진리회의 평화사상 _ 나권수

대순진리회 교무부,『전경』, 여주: 대순진리회 출판부, 2010.

대순진리회 교무부,『대순지침』, 여주: 대순진리회 출판부, 2010.

『대순진리회 요람』, 여주: 대순진리회 출판부, 2016.

『대순회보』 제35호, 서울: 대순진리회 출판부, 1993.

고남식,「조선말기 강증산의 역사인식과 조선관」,『동아시아고대학』 제59집, 동아시아고대학회, 2020.

김영주,「대순진리회 마음공부 프로그램의 현황과 과제」,『종교교육 학연구』 제43권, 한국종교교육학회, 2013.

김 탁,「증산 강일순의 공사사상」, 한국학정신문화연구원 박사학위논 문, 1995.

김 탁,『한국종교사에서의 동학과 증산교의 만남』, 서울: 한누리미디어, 2000.

나권수, 「한국 신종교의 개벽사상에 관한 고찰」, 『신종교연구』 제24집, 한국신종교학회, 2011.

나권수, 「대순진리회의 이상사회론 연구」, 대진대학교 대학원 박사학위논문, 2016.

나권수·윤재근, 「대순진리회의 인성교육과 활성화 방안」, 『종교교육학연구』 제49집, 한국종교교육학회, 2015.

노길명, 『한국신흥종교연구』, 서울: 경세원, 1996.

노길명, 「증산의 개벽사상과 한국의 미래」, 『민족종교의 개벽사상과 한국의 미래』, 서울: 한국민족종교협의회, 2004.

대진대학교 20년사 편찬위원회, 『대진대학교 20년사』, 포천: 대진대학교, 2012.

송재국, 「21세기 지구촌사회의 이념적 지향」, 『대동철학』 제21권, 대동철학회, 2003.

윤이흠, 『한국종교연구』 권1, 서울: 집문당, 1991.

윤재근, 「다종교사회에 있어서 대순진리회와 종교교육」, 『종교교육학연구』 제8권, 한국종교교육학회, 1999.

윤재근, 「대순사상에서의 종교교육과 인권」, 『신종교연구』 제27집, 한국신종교학회, 2012.

윤재근, 「한국 신종교 경전의 문학적 요소—증산의 경우를 중심으로」, 『문학과 종교』 제19권 3호, 한국문학과 종교학회, 2014.

윤재근·김영주, 「갈등치유와 대순진리회의 종교교육」, 『종교교육학연구』 제57권, 한국종교교육학회, 2018.

윤재근 · 김영주, 「치유에 대한 종교교육적 접근―대순진리회의 입장에서」, 『종교교육학연구』 제46권, 한국종교교육학회, 2014.

윤재근 · 나권수, 「근대 한국 신종교의 이상세계 관념과 종교민족주의」, 『종교교육학연구』 제51권, 한국종교교육학회, 2016.

이강오, 『한국신흥종교총감』, 서울: 대흥기획, 1992.

이정립, 『증산교사』, 서울: 증산교본부, 1977.

이찬수, 「종교평화학의 모색―평화학과 종교가 만나는 지점」, 『종교교육학연구』 제41권, 한국종교교육학회, 2013.

정지윤, 「대순사상의 사회적 이념과 그 실천」, 『신종교연구』 제29집, 한국신종교학회, 2013.

홍범초, 『범증산교사』, 서울: 한누리, 1988.

통일과 한류 _ 조용기

강동완, 「북한의 한류현상과 사회변화」, 『북한연구소』, 2014.

_____, 『북한에서의 한류 현상: 그 의미와 영향』, 통일부 통일교육원, 2015.

강동완, 박정란, 「남한 영상매체의 북한 유통경로와 영향: 지역간 · 대인간 연결 구조 분석을 중심으로」, 『통일정책연구』 19, 2010.

김완균, J. G, 「헤르더의 민족(nation) 개념 이해」, 『독어교육』 39, 2007.

김성재, 「6.15남북공동 선언과 한반도 평화」, 『신학사상』 125, 한신대학교 신학사상 연구소, 2004.

김홍태외 3인, 「엔터테인먼트 용어 정의 및 분과별 적용 범위」, 『한국
　　　　엔터테인먼트산업학회 학술대회발표논문집』, 한국엔터테인
　　　　먼트산업학회, 2017.

박정란, 「역대 정부의 통일·대북정책: 쟁점과 과제」, 『사회과학연구』
　　　　32, 전북대사회과학연구소, 2008.

_____·강동완, 「북한주민의 남한 미디어 수용과 왜곡된 남한 상
　　　　(像)」, 『통일정책연구』 21, 통일연구원, 2011.

송갑준, 「한국사상의 특성과 한류」, 『대동철학』 37, 대동철학회, 2006.

송용운·이정우, 「북한 외교정책의 전개와 그 특징에 관한 검토」, 세
　　　　계평화통일학회, 『평화학연구』 9, 2008.

윤선희, 「북한 청소년의 한류 읽기: 미디어 수용에 나타난 문화 정체성
　　　　과 사회 변화」, 『한국언론학보』 55, 2011.

윤인진, 「북한이주민의 문화변용과 사회적응」, 『한국학연구』 41,
　　　　2012.

이교덕·임순희·조정아·이기동·이영훈, 『새터민의 증언으로 본
　　　　북한의 변화』, 통일연구원, 2019.

이기상, 「문화콘텐츠 학의 이념과 방향—소통과 공감의 학」, 『인문콘
　　　　텐츠』 23, 인문콘텐츠학회, 2011

이정우, 「통일정책의 전개와 남북한 현상공간의 변화」, 『한국 동북아
　　　　논총』 23, 2018.

임석준·강동완·김현정, 「한류 연구의 동향과 과제」, 『북한학연구』
　　　　10, 2019.

전영선, 「남북관계 변화에 따른 통일문화콘텐츠 개발 필요성과 방향」,

『한민족문화연구』 18, 2006.

전희락, 박종렬, 「북한에서의 한류 확산과정에 대한 연구」, 『평화학 연구』 14, 2013.

정갑영, 「우리나라 문화정책의 이념에 관한 연구」, 『문화정책 논총』 5, 한국문화정책개발원, 1993.

정연택, 「통일 이후의 변화와 정책과제: 독일통일과 동독지역의 사회정책의 변화」, 충남대학교 통일문제연구소, 『한국통일 연구』 8, 2003.

주강현, 「통일문화형성에서 민족 중심의 다원성 모색: 통일문화학과 민족문화의 제관계를 중심으로」, 『통일과 문화』 1, 통일문화학회, 2001.

최대석, 「남북한 교류협력의 새로운 방향 모색」, 『한국정치학회보』 29, 한국정치학회, 1996.

허진, 이치한, 「한류현상과 한.중 문화교류」, 한국지역발전학회, 『지역발전연구』 2, 2002.

강동완, 박정란, 『한류, 통일의 바람: 아랫동네 날라리풍』, 명인문화사, 2012.

강동완, 『북한 신세대문화, 어디까지 왔나』, 북한연구소 2013.

공보부, 『광복이십년』, 공보부, 1965.

국제문화산업교류재단, 『한류 포에버』 국제문화교류재단, 2008.

김영수, 『북한의 딜레마와 미래』, 법문사, 2011.

박치완, 『글로컬문화콘텐츠, 어떻게 그리고 왜?』, 한국외국어대학교 출판부, 2009.

신영석, 『역대정권의 통일정책변천사』, 평화문제연구소, 2008.

심병철, 『조국통일문제 100문 100답』, 평양출판사, 2003.

유상철 외, 『한류의 비밀: 소프트파워, 소프트 코리아의 현장을 찾아서』 생각의 나무, 2002.

원승룡, 『문화이론과 문화철학』, 서광사, 2007.

최광식, 『한류로드』, 나남출판사, 2013.

통일연구원, 『주간통일정세』, 2011

_____, 『북한 지식사전』, 통일 교육원, 2013.

아놀드, 매튜, 윤기관 옮김, 『교양과 무질서』 한길사, 2006.

에드워드 사이드, 김성곤, 김정호 옮김, 『문화와 제국주의』, 창, 2011.

윌리엄스 레이먼드, 설준규, 송승철 옮김, 『문화사회학』, 까치글방, 1984.

_____, 성은애 옮김, 『기나긴 혁명(The Long Revolution)』, 문학동네, 2008.

N. 엘리아스, 문미애 역, 문명화과정 I. 한길사, 1996.

Schmidt. H., Handeln fuer Deutschland, 허선 역(1994), 『이웃에서 동반자로』 매일경제신문사, 1994.

새뮤얼 헌팅턴, 이희재 옮김, 『문명의 충돌』, 김영사,1997.

요한 갈퉁, 『평화적 수단에 의한 평화』, 이재봉 역, 들녘, 2000.

조지프 S.나이(Joseph S. Nye, Jr), 홍수원 역, 『소프트 파워』, 세종연구원, 2004.

헤르더, J. G., 강성호 옮김, 『인류 역사 철학에 대한 이념』, 책세상, 2002.

Berry, J. W., 『Cross-cultural psycbology : Researcb and application』, New York : The Cambridge University Press, 1992.

Galtung Johan & David Baronov, 『Transcend and Transform: An Introduction to Conflict』, Work Paper back, NY: Paradigm Pub, 2004.

Horton, Paul B & Chester L. Hunt,『Sociology』, New York, McGraw-Hill, 1968.

Kellerman, L., 『The Cultural Dimension of Development』, UNESCO, 1968.

Marvin, E. Olson(1968), 『The Process of Social Organization』, New York: Holt, Rinehart and Winston, 1968.

Rosen, S., 「The Economics of Superstars」, 『American Economic Review』 71, 1981.

Taylor, S. E., 「Social comparison activity under threat : Downward evaluating and upward contacts」, 『Psychologyical Review』, 96, 1989.

Tylor, Edward B., 「Primitive Culture: Researches into the Development of Mythology, Philosophy」, 『Religion, Language, Act and Custom』 Vol. 1, London, John Murray Publishers, 1871.

UNESCO, 『Participation in Cultural Activities: Three Case Studies』, 1983.

종교와 평화를 말하다

•

지은이 / 김승남 · 이석주 · 김영주 · 나권수 · 조용기
발행인 / 김영란
발행처 / **한누리미디어**
디자인 / 지선숙

•

08303, 서울시 구로구 구로중앙로18길 40, 2층(구로동)
전화 / (02)379-4514, 379-4519
Fax / (02)379-4516
E-mail/hannury2003@hanmail.net

•

신고번호 / 제 25100-2016-000025호
신고연월일 / 2016. 4. 11
등록일 / 1993. 11. 4

•

초판발행일 / 2020년 12월 31일

•

•

값 15,000원

•

ISBN 978-89-7969-830-5 93210